Gustav von Loeper (Hg.)

Briefe Goethes an Sophie von La Roche und Bettina Brentano nebst dichterischen Beilagen

www.elv-verlag.de

Loeper, Gustav von (Hg.)

Briefe Goethes an Sophie von La Roche und Bettina Brentano nebst dichterischen Beilagen

ISBN: 978-3-86267-441-1

Auflage: 1
Erscheinungsjahr: 2011
Erscheinungsort: Bremen, Deutschland
Cover-Abbildung © TheAlieness GiselaGiardino[23] (flickr) Creative Commons Lizenz

Europäischer Literaturverlag GmbH, Fahrenheitstr. 1, 28359 Bremen (www.elv-verlag.de).

Bei diesem Titel handelt es sich um den Nachdruck eines historischen, lange vergriffenen Buches aus dem Jahr 1879. Da elektronische Druckvorlagen für diesen Titel nicht existieren, musste auf alte Vorlagen zurückgegriffen werden. Hieraus zwangsläufig resultierende Qualitätsverluste bitten wir zu entschuldigen.

Briefe Goethes an Sophie von La Roche und Bettina Brentano nebst dichterischen Beilagen

Briefe Goethe's

an

Sophie von La Roche und Bettina Brentano

nebst dichterischen Beilagen

herausgegeben

von

G. von Loeper.

Berlin.
Verlag von Wilhelm Hertz.
(Besser'sche Buchhandlung.)
1879.

Einleitung.

Nachstehende Sammlung von Goethe-Erinnerungen scheint auf den ersten Blick des innern Zusammenhangs zu entbehren. Näher betrachtet möchten sie sämmtlich, Briefe und Gedichte, als Beitrag zur Kenntniß der innern Geschichte einer der wichtigsten Lebensperioden des Dichters, der Jahre seines ersten reichen Schaffens, 1773, 1774 und 1775, zu bezeichnen sein. In das zweite Jahr fällt der kleine dramatische Dialog „des Künstlers Vergötterung", hier aus seiner völligen Vergessenheit ans Licht gezogen, unter den Briefen an Frau von La Roche Nr. 20a, in das letzte die Uebertragung des Hohen Liedes, welche gleichfalls hier zum ersten Mal veröffentlicht wird. Die funfzehn kleinen Parabeln „Salomo's güldne Worte von der Ceder bis zum Ysop", deren Original sich unter den Papieren der Frau von La Roche vorfand, hätten jenen Gedichten hinzutreten müssen, wären sie nicht schon in jüngster Zeit in Goethe's Werke übergegangen. Die am Schlusse nach den Originalen abgedruckten Bettina=Briefe sind mehr ein Beiwerk, eine Zugabe zu den Briefen Goethe's an Sophie La Roche, weil jene sich aus diesen erklären, insofern Bettina eine ihr von Groß= mutter und Mutter zugefallene Erbschaft antrat, da sie, poetisch eine gute Katholikin, den Dichter zu ihrem Heiligen erkor.

Für Goethe, der so früh die höchste Ruhmes= staffel erstieg und länger als ein halbes Jahr= hundert behauptete, hat das Fortleben in lebendigen Beziehungen zu drei verschiedenen Generationen derselben Familie etwas Typisches; ein Vers in das Stammbuch des frühverstorbenen ältesten Sohnes von Bettina, das letzte Dichterische aus seiner Feder, dehnte jene Beziehungen bis zur Generation der Urenkel aus. So in successiven Altersstufen stand er vielen Familien, in gewissem Sinne als Schriftsteller seiner ganzen Zeit gegenüber.

Die vorliegenden Briefe an Frau von La Roche sind ein Ausfluß der Freundschafts=Tendenz des vorigen Jahrhunderts, aus einer Epoche, wo Deutschland zu neuem Leben erwachte und die von diesem Leben erfüllten „für einander geschaffenen Seelen" (Brief Goethe's Nr. 3) das unwiderstehliche Bedürfniß gegenseitiger Mittheilung empfanden. Der aufstrebende Jüngling schreibt pietäts= und vertrauensvoll der erfahrenen älteren, jedoch noch jugendlich fühlenden Frau. Sie zählte beim Er= öffnen der Korrespondenz noch nicht zwei und vierzig Jahre. Kurz vorher war sie als Schrift= stellerin aufgetreten, schon in dem Charakter einer Lehrerin von „Teutschlands Töchtern". In ihren späteren Schriften nimmt sie immer mehr die mütterliche Stellung ein. Auch für Goethe war sie, die Mutter zwei schöner, eben herangewachsener Töchter, von Anfang an die Mama, wie ähnlich Betty, die Gattin seines Freundes Jacobi, das Mamachen und Johanna Fahlmer das Täntchen. Das Verhältniß zu Sophie entwickelte sich jedoch auf dem Grunde ihres beiderseitigen, wenn auch sehr verschiedenartigen Schriftsteller-Berufs reicher als das zu jenen beiden gleichzeitigen Freundinnen. Die Briefe haben daher ebenso sehr ein literarisches als ein biographisches Interesse, mag man Goethe allein oder auch Sophie in's Auge fassen, als ein getreuer Spiegel der Sturm- und Drang-Periode, deren Tendenzen uns auf jedem Blatte entgegentreten.

In's Besondere lassen sich darin die Konflikte der neuen Dichterschule mit Wieland verfolgen. An seiner eignen Muhme und Jugendgeliebten vollzog sich in jenen Jahren der Uebergang der literarischen Hegemonie auf Goethe. Wieland fühlte den Abfall seiner Freundin, er klagte, er bat· um regelmäßige Briefe alle vierzehn Tage, um sie wenigstens äußerlich zu binden. Sie bewahrte ihm auch ihre Freundschaft und sich den Nimbus ihrer Jugendliebe bis zuletzt. In ihrem schriftstellerischen Wirken indeß, schon in den Erstlingswerken[1]), der unter Richardson's Einfluß ent-

---

[1]) Geschichte des Fräuleins von Sternheim. Herausgegeben von C. M. Wieland. 2 Bde. Leipzig 1771 und Ro-

standenen Sternheim, welche Herder und Goethe sympathisch begrüßten, während Wieland obwohl der Herausgeber stille Opposition machte, und ebenso in Rosalien's Briefen, einem Hauptgegenstande ihrer Korrespondenz mit Goethe, zeigt sich eine vollständige Abwendung von dem Wielandschen Geiste. Schon vorher war sie von Voltaire zu Rousseau übergegangen. Wie Herder, wie die Herausgeber der Frankfurter gelehrten Anzeigen wendet sie sich, in bewußtem Gegensatze gegen die schöngeistigen, conventionellen, verstandesmäßigen Franzosen, mit vollen Segeln den Engländern zu. Naturwahrheit, Naturempfindung werden auch ihre Losung.

Freilich war Sophie keine Dichterin. Sie kann, wenn sie sich zu Anfang der Siebziger Jahre an Jacobi und Goethe auf's Engste anschloß, wenn in der Iris ihre Beiträge neben den Goethischen figuriren, doch nicht als eine Zugehörige des Dichterkreises der Goethe, Lenz, Klinger

---

saliens Briefe an ihre Freundin Mariane von St. 4 Bde. Altenburg. 1779—1781.

gelten. Sie steht neben demselben als eine Frau mit rein praktischen und moralischen Zwecken. Sie wirkt ganz im Sinne der Aufklärung. Die Noth des Volkes, die damalige Verkommenheit der Landbevölkerung in Süddeutschland liegt ihr am Herzen. In ihrem Streben zu deren Hebung berührt sie sich mit dem Basler Iselin. Für dieses wünscht sie die höhern Stände zu gewinnen, die „Affen- und Papagei-Menschen" selbst von dem höfischen und gesellschaftlichen Treiben ab- und auf ein mehr natürliches Leben, auf Naturgenuß und reale Thätigkeit hinzulenken[1]). Die idyllische und dörfliche Tendenz der damaligen Poesie verwandelte sich bei ihr in eine produktive Richtung auf Garten- und Ackerbau (Rosalien's Briefe Nr. 64). In ihren Romanen treffen wir schon auf ausgeführte Dorfgeschichten (ebenda Nr. 66). Klijegg war für sie wichtiger als Geßner.

---

[1]) Wieland nennt daher ihre Sternheim (Einleitung): „eine in Handlung gesetzte Satire über das Hofleben und die große Welt;" anders Herder's Aeußerungen über das Buch, Nachlaß III, 146 flgde. und Merck II, 30.

Der Schweizer Bauer Jakob Gujer, Klein Jogg oder Klijogg genannt, erschien jener Zeit als der verwirklichte Rousseau'sche Normalmensch. Hirzel hatte ihn 1761 als ein bäuerliches Wunder in die Welt eingeführt ("Wirthschaft eines philosophischen Bauern"). In den nächsten zwanzig Jahren gehörte er zu den Merkwürdigkeiten der Schweiz, die man gesehn haben mußte. Der philanthropische Herzog Ludwig Eugen von Württemberg, der Nachahmer Rousseau's, ging Arm in Arm mit Klijogg im Bade Schinznach umher. Noch 1779 suchte ihn der Herzog Karl August von Weimar in seinem Hause auf, um wie die "Schweizerischen Nachrichten" (Zürich 1779 S. 230) sich ausdrückten, "sich von dem stillen eingezogenen Leben eines Republikaners und eines freien Bauern einen Begriff zu machen" (s. auch J. Frese's Anm. zu S. 162 der Briefe aus F. Schlosser's Nachlaß 1877). In zwei Schreiben (Nr. 38 und 40) suchte Goethe Sophie's sehr natürliche Neugierde über diesen merkwürdigen Mann zu befriedigen.

Daß das weibliche Geschlecht jedoch ihr Hauptaugenmerk war, daß ihre ganze Schriftstellerei eine volksthümlichere, gesundere und mehr den Zusammenhang mit der Natur wahrende Erziehung und Vorbildung desselben bezweckte, folgt aus ihren persönlichen Lebenserfahrungen. Denn in allen Schriften stellt sie nur sich und i h r e Erlebnisse in ziemlich durchsichtigem Gewande dar. In der Madame Guden, einer Figur in „Rosalien's Briefen", erkannte Wieland klar seine Freundin selbst[1]). Sie errichtet hier ein System helfender Liebe und Duldung, nicht aus Religion sondern aus Humanität. Sie bestreut, in ihrem Ton zu reden, den Weg der Wahrheit mit Rosen[2]).

In Mainz, als ihr Gatte dorthin seinem Gönner Stadion, dem ersten Minister, gefolgt war, hatte sie ganz die französische Richtung angenommen, wie sie die deutschen Höfe ausschließlich damals pflegten. Nach Merck's competentem Ur-

---

[1]) Wielands Briefe an Sophie, herausgegeben von Horn. 1820. Nr. 194 vom 20. Juni 1778.

[2]) Rosaliens Briefe II, S. 172 über moralische Toleranz.

theil sprach sie besser französisch als deutsch, und auch das Deutsch ihrer Schriften sieht aus wie ursprünglich französisch gedacht, wenn sie auch derbe Ausdrücke gelegentlich anwendet und gleich Goethe das Wort „Kerl" und ähnliche in die Schriftsprache einzuführen sucht[1]). Ihr Gatte, mit Stadion der Voltairischen Schule angehörig, und Freund Wieland konnten sie nur in der französischen Neigung bestärken. Der Umschwung erfolgte durch Rousseau's Schriften und durch die ganz neuen Eindrücke des Landlebens in Warthausen, dem Gute des Grafen Stadion in Schwaben, und nach dessen Tode in Bönigheim, wo La Roche als Amtmann eine Stelle erhielt. In der Einsamkeit dort und nach der Uebersiedelung ihres Gatten nach Ehrenbreitstein (Frühjahr 1770) griff sie zur Feder,

---

[1]) In der Sternheim nennen zwei englische Lords sich unter einander „dummer Junge" und „Kerl". Wieland bemerkt in einem Briefe an Sophie vom 14. Febr. 1781 „daß Goethe das Wort Kerl ohne Erfolg in die gute Gesellschaft habe einführen wollen" (Auswahl denkw. Briefe 1815. I, S. 165). Auch der Doktor, Goethe's Portrait, in Klingers „Leidendem Weibe" (IV, 2) wirft mit „Kerls" um sich.

um ihre neuen Ideen über Erziehung und Bildung, zum Nutzen zunächst für ihre Töchter, auch in weitere Kreise zu verbreiten. An den genannten Orten befinden wir uns stets in ihren beiden Erstlingsschriften, oder wir unternehmen von da aus Reisen. Der Kreis der vorgeführten Gestalten ist stets ihr Kreis, der Stadionsche in Warthausen mit Wieland, La Roche und den Geistlichen Brechter und Dumeix, oder der Coblenzer mit ihrem Gatten und Hohenfeld[1]). Daß unter der Maske des Lord

---

[1]) Wegen Wieland und Brechter s. Anm. zu Nr. 2 der nachfolgenden Briefe, wegen Dumeix als Gast zu Warthausen Wielands Briefe an Sophie S. 151 und 270; Warthausen ist geschildert in Rosalien's Briefen II, S. 478 flgde (der Ausgabe von 1797); dort hielt auch der Maler Tischbein sich auf, den Stadion auf La Roche's Empfehlung beförderte; er stellte auf einem noch erhaltenen großen Jagdbilde alle Mitglieder des Stadion'schen Kreises in Portrait-Aehnlichkeit dar; wegen Bönigheim s. Böttigers Zust. und Zeitgen. I, S. 159. Coblenz erscheint in Rosaliens Briefen Nr. 92; Sophie selbst sagt, der Onkel in dieser Geschichte trage die Züge ihres Gatten (Melusinens Sommerabende. 1806. S. XXXIII); Hohenfeld bezeichnen Rosaliens Briefe (Nr. 92; Bd. II. S. 455—457 und 460) deutlich als „unsern edlen Minister von H.**"

Rich in der Sternheim Letzterer versteckt sei, darauf deuten Goethe's Worte in seiner Besprechung des Buchs: "Bei Lord Rich müssen die individuellen Züge beweisen, daß dieser Charakter zur Ehre der Menschheit existirt."

Dazu treten die von Sophie auf ihren Reisen, welche mit denjenigen ihrer Heldinnen zusammen= fallen, berührten Personen und Orte. Vielleicht nehmen wir Antheil an "Rosaliens Briefen" heute nur noch wegen der hineingewebten Lebenserinnerun= gen der Verfasserin. Auch die nachstehenden Briefe Goethe's an sie empfangen daraus mehrfach Licht. Derartige Züge sind kenntlich in der so höchst an= schaulichen und lebendigen Schilderung der Eis= partie zu Frankfurt (Anm. zu Nr. 8), ferner in der von drei "ältlichen unverheiratheten Frauen= zimmern" (Rosaliens Briefe Nr. 79). Darin ist uns, wie mir nicht zweifelhaft dünkt, ein Andenken an Goethe's Freundinnen, die Schwestern Gerock, erhalten, welche in seiner Lebensgeschichte nicht über= gangen werden dürfen, um so wichtiger, je weniger Authentisches wir über sie sonst wissen. Schon früh, 1772, nannte Merck sie: formées d'après l'idéal de notre Goethe (An seine Gattin, Briefe III, Nr. 22).

Im achtzigsten Briefe befinden wir uns mit Lavater und Basedow, die freilich unerwähnt bleiben, im Bade Ems und in Nassau, im elterlichen Hause des späteren Ministers Stein. Sophie rühmt, fast prophetisch, Eltern und Kinder und die Selbstständigkeit ihres Denkens und Handelns. „Möge doch, ruft sie aus, der Ton der Seele dieser Familie sich bis auf die spätesten Enkel fortpflanzen! — so werden wir immer Modelle und Beweis von Adel haben." Den Besuch, welchen Goethe nach seiner Erzählung in „Dichtung und Wahrheit" (III, Buch 14) in Begleitung der genannten „Propheten" der Steinschen Familie im Juli 1774 machte, die „große Gesellschaft", die „zerstreuenden Spaziergänge" finden wir hier ausführlich beschrieben. Wir erkennen in der botanisirenden „jungen und liebenswürdigen Dame von Hannover" die auch in den Kestnerschen Briefen (Junger Goethe III, S. 26, 27 u. 35) genannte

Frau Meyer, in einer anderen Dame (S. 276 „Ideen einer anderen Dame") Sophie selbst und in dem „geistvollen Manne" (S. 273) mit großer Wahrscheinlichkeit Goethe wieder. Die von ihm hier berichtete Aeußerung: „Es dünke ihn, den Grabhügel eines alten Edlen von Deutschland durch würdige Enkel mit Blumen bestreut zu sehen", zeigt diesen „Edlen" dem „Helden" in dem ein paar Tage später gedichteten „Geistesgruß" nahe verwandt und beide, jene Aeußerung und das Gedicht, der „Empfindung der Vergangenheit und Gegenwart in Eins" entquollen, welche ihn nach seiner eignen Erzählung auf der Rheinreise 1774 erfüllte.

Für die richtige Würdigung von Stein's väterlichem Hause bietet jene Schilderung und die noch etwas frühere in Hardenberg's von Ranke veröffentlichtem Tagebuch unschätzbares Material. Da Stein's Vater in kurmainzischen Diensten stand, so gehörte diese Familie zu Sophie's Mainzer Bekanntschaften, und sie war Goethe gefällig, indem sie ihn bei Frau von Stein einführte. Damit berühren wir einen der Punkte, worin die Verbindung mit Sophie für ihn auch äußerlich fruchtbar wurde.

Es zeigt sich in jenen Jahren bei ihm unverkennbar das Streben, außerhalb seiner ihn wenig befriedigenden Vaterstadt festen Fuß zu fassen, Relaispferde, wie er sich ausdrückt, für seine weitere Laufbahn zu nehmen (An Sophie Nr. 37). Mehr als in Frankfurt fand er sich geistig zu Hause in Darmstadt bei Merck und in Zürich bei Lavater. Er streckte seine Fühlhörner auch nach Ehrenbreitstein aus. Dies war damals, neben Pempelfort, ein geistiger Wallfahrtsort am Rhein. Von dem Hause La Roche in Ehrenbreitstein galt in vollem Maaße, was Sophie in ihrem ersten Romane die Sternheim sagen läßt (II, 300): „Sie können hoffen, in unserem Hause wechselsweise jede Schattirung von Talenten und Tugenden zu finden, die in dem Kreise von etlichen Meilen um uns wohnen." Die Zuneigung der welterfahrenen Frau von La Roche bot Goethe Anknüpfungen mit der großen Welt und mit politischen Kreisen, deren Anschauung ihm bisher fehlte. Moser zwar, der leitende Minister in Darmstadt, war ihm von Jugend auf bekannt; noch mehr verband ihn Merck mit den dortigen Kreisen; im Jahre 1775 sehen wir ihn am Hofe des Markgrafen von Baden und im Verkehr mit dessen Minister von Edelsheim; auch mit dem Pfälzer Hofe waren, wohl sehr dünne, Fäden durch seine Freundin Delph angesponnen. Die La Roche vermittelte seine Bekanntschaft mit einigen der im Geiste der neuen Zeit thätigen kurmainzischen und kurtrierischen Staatsmännern. Hatten diese Beziehungen auch nicht äußeren Erfolg, gingen sie überhaupt nicht in die Tiefe, so verdienen sie doch Beachtung als vorbereitende Stufen zu dem Uebergange nach Weimar. Daß den Dichter schon 1774 ein politischer Thatendrang erfüllte — Ausdrücke, die nicht im heutigen Sinne zu nehmen sind —, zeigt ein Wort Lavater's aus der Zeit unmittelbar nach der Rheinreise: "Goethe wäre ein herrliches handelndes Wesen bei einem Fürsten. Dahin gehört er. Er könnte König sein. Er hat nicht nur Weisheit und Bonhomie, sondern auch Kraft"[1]), eine Aeußerung, deren Richtigkeit Goethe später in seinem Weimarischen Wirken voll bewährt hat.

In der bezeichneten Richtung sind die Briefe an Sophie besonders ergiebig, obschon die dem Dichter wohlbekannte Mittheilsamkeit seiner Freundin allen seinen Aeußerungen die größte Zurückhaltung auferlegte. Selbst über seine Liebesverhältnisse zur Münch und zu Lilli finden wir nur entfernte und zweifelhafte Andeutungen. Die Erklärung der Briefe besteht daher im steten Errathen von Räthseln. Wer weiß auch heute noch Genaueres von den Rheinischen geistlichen Kurstaaten in der zweiten Hälfte des vorigen Jahrhunderts? Selbst ein Ranke verwechselte die regierenden Herren selbst[2]), und ebenso ist den Meisten

---

[1]) An Zimmermann den 20. Octbr. 1774; unter L. Hirzel's „Goetheanis", Im Neuen Reich. 1878. Nr. 43.

[2]) In den Denkwürdigkeiten des Staatskanzlers Fürsten von Hardenberg Thl. I, S. 23 Note 4 nennt er an Stelle des Kurfürsten von Mainz, Emmerich Joseph, den Kurfürsten von Köln, Maximilian Friedrich.

der Territorialbestand jener Länder, namentlich von Kurmainz, dunkel. Der Geschichte jener politisch einst so wichtigen Staaten fehlt so sehr jedes Relief, weil sie nicht mit der bestimmter Dynastien, gleich den weltlichen Territorien, verknüpft ist.

Die Kurfürsten von Trier residirten seit dem dreißigjährigen Kriege in der Philippsburg am Fuße des Kastells von Ehrenbreitstein, zuletzt in dem s. g. Dikasterialbau. Von dort sind die Verordnungen bis 1786 erlassen, bis zum Einzuge in das neuerbaute Schloß zu Coblenz. Der Dikasterialbau, in nächster Nachbarschaft des La Rochischen Hauses belegen, war daher von 1768 an der Sitz des letzten Kurfürsten Klemens Wenzeslaus, des jüngsten Sohnes des Königs von Polen und Kurfürsten von Sachsen, August III.[1]), ein Jahr später auch die Residenz seiner unvermählten Schwester Prinzessin Kunigunde (Anm. zu nachstehendem Briefe Nr. 22). Die Gunst

---

[1]) Ueber ihn und sein sonderbares Deutsch spricht Wieland bei Böttiger Liter. Zust. und Zeitgen. I, S. 262 fg.

dieses Hofkreises hatte sich Sophie sehr bald erworben. Der Kurfürst genehmigte z. B., "daß Mademoiselle de la Roche in der Hofkirche mit Herrn H. Anton Brentano von Frankfurt getraut wurde" (Sonntag, d. 9. Januar 1774 nach Dominicus' Schrift S. 131). Auch schöngeistige Interessen verstand sie in dieser Umgebung zu erwecken. Sie rühmt in ihren Schriften die Prinzessin und deren Hofdame von Naundorf, die wir auch unter den Pränumeranten auf Wieland's Agathon (1773) antreffen. In Goethe's Briefen taucht dieser Hofkreis, nach seinem zweiten oder vielmehr dritten Besuche 1774, in der ersten Hälfte des August, vorübergehend auf. Im Widerspruch mit der von dem ersten Minister Grafen Metternich, dem Vater des berühmten Staatskanzlers, vertretenen klerikalen Richtung, welche den Hof beherrschte[1]), übertrugen Hohenfeld und La

---

[1]) Nach Hardenberg, der die Rheinischen Höfe von Wetzlar aus im Herbst 1772 besuchte, also gleichzeitig mit Goethe's erstem Ausfluge nach Ehrenbreitstein, trug der dortige Hof "einen zu papistischen Charakter;" er fand den

Roche, aus dessen Gesichte für Lavater „der Minister Stadion transparent war" (An Goethe 10. Aug. 1782), hieher von Mainz den neuen Josephinischen Geist. Es war die Zeit der Aufhebung des Jesuiten-Ordens (Juli 1773). Hontheim, der Weihbischof von Trier hatte seinen Febronius, La Roche seine Mönchsbriefe geschrieben[1]). Die Briefe an Sophie ergeben, wie nah Goethe dem Hauptvertreter der freieren Richtung, dem Freiherrn Christoph von Hohenfeld, Domherrn zu Speier und Bamberg gestanden hat[2]). Wegen der

Kurfürsten zwar sehr gnädig, die Hofleute aber ungefällig und stumm. „Ihre graue Uniform macht einen traurigen Eindruck." Metternich erschien ihm „gezwungen und absichtlich" (Denkw. I, 23).

[1]) Justinus Febronius de statu ecclesiae 1763 bis 1774 und Briefe über das Mönchswesen von einem katholischen Pfarrer. 4 Bdchen. 1780—1787. (Bd. 1 von La Roche und Brechter schon 1771; Bd. 2—4 von J. K. Riesbeck).

[2]) Der Rheinische Antiquarius von Stramberg II, 2 S. 768—777 enthält eine ausführliche Geschichte der Hohenfeld'schen Familie; das Hohenfeld'sche Haus in Coblenz stand in der Löhrstraße.

geistlichen Würden, welche derselbe auch an den Stiftern zu Worms, Speier und Wimpfen bekleidete, stand er gleichzeitig unter dem Kurfürsten von Mainz. Dasselbe war der Fall mit dem aus Goethe's Lebensgeschichte bekannten, in den nachstehenden Briefen oft erwähnten Dechanten Dumeix zu Frankfurt, und den Stiftern, an denen er dort fungirte[1]).

Hohenfeld, in Coblenz anfänglich als geistlicher Rath, dann von 1778 bis 1780 als Conferenz-Minister des Kurfürsten von Trier an Stelle Metternich's thätig, der intimste Hausfreund La Roche's, Goethe's Schüler im Griechischen (nachstehend Brief Nr. 30), noch in jugendlichem Alter, verband mit großer Weltkenntniß wissenschaftliche und poetisch-literarische Bildung. Der schwedische Reisende Björnstähl, der Lavater in Zürich und Goethe in Frankfurt aufgesucht hatte,

---

[1]) Goethe's Briefe an Dumeix sind noch unbekannt; durch Vermittlung des Fürsten Primas Dalberg erhielt der Dichter sie 1809 zurück (Briefw. mit e. Kinde I, S. 319).

auch im Juli 1774 mit Beiden in Neuwied sich begegnete, schildert Hohenfeld sehr günstig[1]): „Dies ist ein sehr liebenswürdiger Herr. Er ist in Italien, Frankreich, England auf Reisen gewesen, besitzt viele und gute Kenntnisse, selbst im Fache der Naturgeschichte, war in Paris Anbeter der Marquise de Barbeyrac" u. s. w. Cagliostro hatte ihm dort Geister erscheinen lassen. Boie, der unmittelbar nach Goethe den Rhein bereiste, und überall von Lavater und Basedow noch erzählen hörte, auch Frau von Stein als „Lavaters, Goethes und der Madame de La Roche Freundin" aufsuchte, nennt Hohenfeld „freisinnig und feingebildet, einen großen Freund der deutschen Literatur" (Weinholds Boie, S. 69). Schiller endlich sah ihn 1784 in Speier, als er dort Frau von La Roche von Mannheim aus besuchte; er nennt ihn (Brief vom 15. November 1785): „den edelsten Mann, den ich kennen lernte und mein Freund."

---

[1]) Björnstähl's Nachrichten von seinen ausländischen Reisen Bd. V. S. 6 fg. 221. 303. 321.

An jenen Besuch knüpft sich die Sage, Hohenfeld habe dem Dichter zu seinem Marquis Posa gesessen. Daß Hohenfeld auch mit Höpfner und Merck korrespondirte, zeigen die Briefsammlungen des Letzteren.

Von Goethe's damaligen Coblenzer Bekanntschaften sind außerdem zu nennen die Familie D'Ester in Vallendar, der Baumeister Trosson und der Maler Zick.

Erstere Familie, wie Dumeix Wallonischen Ursprungs, weist auf die fast verschollene kleine geistliche Landesherrlichkeit der gefürsteten Abtei zu Stablo (Stavelot) hin. Zu ihr gehörte Malmedy. Von dort, gleich seiner Gattin stammend, hatte der Kommerzienrath D'Ester die alte Sayn-Wittgensteinsche Burg zu Vallendar nebst Ländereien von dem Kurfürsten zu Trier um 1770 erworben, auf welchen die Hälfte jener Herrschaft 1767 für 100000 Gulden übergegangen war (Rhein. Antiq. III. 1 S. 75 und 2 S. 118). D'Ester, als reicher Industrieller, erbaute in Vallendar das noch wohlerhaltene, schloßartige Haus neben der hoch gelegenen Kirche; 1774 fertig geworden, bildete es mit der großartigen Anlage einer Sohlleder=Gerberei den Gegenstand allgemeiner Bewunderung am Rhein[1]). Ein Zimmer dieses Hauses wird noch heute gezeigt, worin Goethe zu Anfang August 1774 gewohnt und an einem Stücke gearbeitet haben soll. Dies Stück mag Erwin und Elmire oder auch das Jahrmarktsfest von Plundersweilern mit dessen Nebenstücken gewesen sein. Auch eine Verführungsgeschichte knüpft sich an diesen Aufenthalt Goethe's in der ersten Woche des August 1774, wovon der Rheinische Antiquarius (II. 1 S. 100) berichtet[2]). Stramberg selbst hat aber an einer andern Stelle seines weitläuftigen Werks jene Anschuldigungen in das Reich der Mythe verwiesen. In dem Abschnitt über Kärlich bei Coblenz, einst die Sommerresidenz der Kurfürsten von Trier, sagt er nämlich (Rh.

---

[1]) Al. Dominicus, Coblenz unter den letzten Kurfürsten 1869. S. 84.
[2]) Düntzer's Studien zu Goethe's Werken. 1849. S. 103. Note 1.

Antiq. III. 2 S. 138): „Im Jahr 1791 soll der Graf von Artois von Schönbornsluft aus einen kleinen Liebeshandel mit einem netten Bauernweibchen aus Kärlich eingefädelt haben. Vielleicht hat man ihm nur angedichtet, wessen man ihn wohl fähig glaubte, wie das auch mit Goethe's angeblichem Liebesabenteuer in der Mühle bei Vallendar sein wird." Frau D'Ester (Br. Nr. 20) gehörte zu Sophie's vertrautesten Freundinnen. Sie stand 1774 im Alter von sechs und vierzig Jahren. Die von Goethe erwähnte Gretel (Br. Nr. 25), ihre älteste Tochter Margarethe, damals elfjährig, starb erst 1844 als Mutter des Bayerischen Staatsministers von Zwehl.

Ueber den Coblenzer Baumeister Trossen und seine unter dem Namen Cordel (Cordelia) vermuthlich zu verstehende Gattin siehe die Anmerkungen zu den Briefen Nr. 13 und 30.

Mit dem Maler Januarius Zick (in Lavaters Tagebuch von der Rheinreise 1774 Zigg genannt) ward wohl nur über Gemälde geschäftlich verhandelt. Aus München gebürtig hatte er in Rom nach Beendigung seiner Studien unter R. Mengs sich einen Namen erworben. Als er, nach Deutschland zurückgekehrt, in Folge seiner Verheirathung mit einer Rheinländerin 1762 zu Ehrenbreitstein in der Hofstraße unmittelbar neben der Residenz des Kurfürsten Johann Philipp sich niederließ, trug es sich zu, daß Letzterer, nach Erbauung des Schlosses zu Engers (1758—1762) eines Malers zur Ausschmückung desselben bedürfend, sich mit der Bitte um Nachweisung eines solchen an den heiligen Vater nach Rom wandte und Dieser hierauf dem Kurfürsten Niemand anders empfahl als dessen nächsten Nachbar Zick. Dieser verzierte nun den Hauptsaal des Schlosses Engers 1764 mit Fresken und besorgte später die Malereien für das neue Coblenzer Schloß, besonders für die Schloßkapelle, welche sein Enkel Gustav Zick 1845 restaurirte, sowie für die Decken des Audienzsaals. Auch die städtische Sammlung in Coblenz bewahrt einige seiner Bilder[1]).

---

[1]) S. über Zick den Rheinischen Antiquarius III, 2

Sophie vermittelte ihrem dichterischen Freunde ferner die Bekanntschaft mit dem kurmainzischen Minister Groschlag. Schon 1764 bei der Königswahl Joseph's des Zweiten hatte der vierzehnjährige Goethe ihn unter den Mainzer Bevollmächtigten von Ferne erblickt (Dichtung und Wahrh. Thl. I., Buch 5). Damals schrieb Joseph seiner Mutter von ihm: C'est le comte de Kaunitz en petit, parlant bien, mais pas avec tant d'esprit[1]). Nach Stadions Dienstaustritt war Groschlag, — sein Schüler, wie auch La Roche und der Vizekanzler Benzel — in die Stelle des ersten Ministers des freisinnigen Kurfürsten Emmerich Joseph von Mainz gerückt. Als Kurator der

---

S. 126 flgde. und Dominicus, Coblenz unter den letzten Kurfürsten. 1869. S. 84. — Knebel, der bei seinem Besuche in Coblenz am 13. September 1780 den Maler Zick nicht anwesend fand, aber dessen Atelier sah, notirte in seinem Kalender: „Harte, grobe Art zu malen. Falsche Zeichnung. Schwatzhaftigkeit der Madame Zick."

[1]) Arneth, Maria Theresia und Joseph II. Wien 1867. I, S. 82.

Universität unterstützte er Steigentesch's, des Schul=
reformators, Bestrebungen zur Hebung der wissen=
schaftlichen Anstalten. Hardenberg schreibt 1772
von Groschlag, an den er durch Frau von Stein
empfohlen war: „Er gilt alles beim Kurfürsten
und hat alle die neuen Arrangements wegen der
Festtage und Einschränkung des Clerus gemacht,
aber er ist von diesem letzteren auch sehr gehaßt.
Er soll einer der größten Minister in Deutschland
sein" (Denkwürdigkeiten I., S. 23). Nach dem
plötzlichen Tode Emmerich Joseph's im Juni 1774
ward der Haß der Geistlichkeit gegen die Aufklärer
entfesselt. Groschlag und Benzel mußten fliehen
und wurden ihrer Aemter entsetzt. Schon vorher
hatte das Domkapitel Steigentesch kassirt. Als
Boie im Oktober desselben Jahres Mainz besuchte,
fand er bereits „Alles umgestoßen, was der vorige
Kurfürst durch seinen Minister von Groschlag zur
Verbesserung des Landes und namentlich der Schulen
gethan" (Weinholds Boie S. 70).

Groschlag zog sich auf das, aus den Fehden
Bernhards von Weimar und Mansfelds mit Tilly

bekannte, zwischen Darmstadt und Aschaffenburg liegende Dorf und Gut Dieburg zurück. Den ihm von der französischen Regierung angebotenen Posten eines Gesandten bei dem neuen Kurfürsten von Mainz, Erthal, der zugleich der letzte sein sollte, lehnte er aus Patriotismus ab. Jetzt erst, nach seinem Sturze, ließ sich Goethe bei Groschlag und seiner Gemahlin, einer gebornen Gräfin Stadion, in Dieburg einführen (An Sophie Nr. 23, 25 und 27), wo auch Wieland 1771, wie in „einer bezauberten Villa" zum Besuche geweilt hatte (Brief an Gleim v. 26. Mai 1771). Seine Erfurter Stelle hatte er Groschlag zu verdanken gehabt. Dieser starb erst 1799 als Letzter seines Geschlechts; der langjährige reichshofräthliche Proceß über seine Güter zwischen seinen Töchtern und den Lehnsanwärtern hatte eine gewisse Berühmtheit[1].

---

[1] Wielands Briefe an Sophie 1820, S. 158 flgde. Auswahl denkw. Br. an Wieland. 1815. S. 257 und Arch. f. Lit. Gesch. 1875. V, S. 205; über Groschlag s. ferner den Rhein. Antiq. I, 4. S. 382 und II, 10. S. 526; N. Müller die 7 letzten Kurfürsten von Mainz. 1846; L. Assing, Bio-

In dem Bisherigen ist die eigentliche Angel des Goethe=La Roche'schen Briefwechsels noch nicht bezeichnet. Was denselben lebendig erhielt, war das gemeinsame Interesse der Korrespondenten an Sophie's ältester Tochter Maximiliane. Sie war nach Sophie's damals neuen Grundsätzen erzogen und verkörperte mehr noch als die Schwestern Gerock (s. oben S. XIV) Goethe's Ideal. Ein klarer Einblick in ihr Verhältniß zu dem Dichter kann nur durch die nachstehenden Briefe gewonnen werden. Wir sehen, wie unter Maximilianen's Einwirkung der Werther entsteht, und es wird deutlich, daß Goethe in dem Roman seiner Empfindung für sie Luft schaffen mußte, seitdem er zu ihrer beiderseitigen Ruhe den Entschluß gefaßt, ihr Haus gänzlich zu meiden (Br. Nr. 9 und 38). Maximilianen's schöne Augen, die ihn bezauberten (Br. Nr. 28), lieh er der Heldin seines Romans,

---

graphie der La Roche S. 117. 196. 209 und 315; Arch. f. Hessische Gesch. und Alterthumskunde V, Art. XX, — Emmerich Joseph's Leben in der Allg. D. Biographie 1877. VI, S. 83—86.

die seit ihrer Verheirathung mit Albert als die junge Frau Brentano gedacht ist. Den Betheiligten konnte dies nicht verborgen bleiben. Der aus der Werther=Literatur bekannte Bretschneider schreibt von Sophie an Nicolai den 16. Oktober 1775: „Mit Goethe, der in seinen Leiden Werthers ihre Tochter en passant mit eingeflochten hat, ist sie eben auch nicht außerordentlich zufrieden;" jedoch hatte sie kurz vorher, im August, in einem Briefe auch an Nicolai Goethe's Partie genommen, mit den Worten: „Aber doch, glaube ich, sind im Ganzen alle Urtheile und Vermuthungen über Werthern zu scharf[1])." Dies gemeinsame Interesse erlosch mit Goethe's Abgang nach Weimar; er konnte nicht weiter über die Begebenheiten des Brentano'schen Hauses Bericht erstatten, ein Geschäft, welches sein Freund Crespel weit mehr im Sinne der Mutter fortan versah (Anm. zu Br. Nr. 41). Der Briefwechsel hörte

---

[1]) R. M. Werner, Zum 5. Mai 1878. Der Berliner Werther. Salzburg. 1878. S. 6 (Handschr. gedr.).

daher auf; von seinen intimern Erlebnissen zu Weimar in jener ersten Epoche konnte Goethe nur unter dem Siegel tiefsten Geheimnisses schreiben, für dessen Unverletzlichkeit Sophie ihm nicht zu bürgen schien. Maximiliane sah er bei seinen spätern Besuchen in Frankfurt einige Male wieder; noch bei dem letzten, im Frühjahre 1793, kurz vor ihrem Tode, bewunderte er die Schönheit der damals sechs und dreißigjährigen Frau und er war tief bewegt bei dem Gedanken ihrer nahen Auf= lösung (Briefw. m. e. Kinde I., S. 191 und 192). Sophie überlebte ihre Tochter vierzehn Jahre. Im Sommer 1799 gab sie ihrem alten Freunde eine Gelegenheit, sie in seinem eignen Hause zu Weimar durch ein romantisches Fest, ganz in ihrem Sinne, zu feiern. Innerlich waren sie durch Goethe's fernere Entwicklung einander völlig entfremdet[1]).

---

[1]) Benutzt sind folgende Werke über das Leben der La Roche: Ludm. Assing, Sophie von La Roche, die Freundin Wieland's. 1859; im Anhange ein sehr genaues Verzeichniß ihrer Schriften und der La Roche=Literatur; G. Zimmer= mann, Joh. Heinr. Merck. 1871. S. 162—197; Erich

XXXIV

Auf das Wunderbarste erstanden die erloschenen Beziehungen zu Mutter und Großmutter seit 1807 in Bettina. Nur auf der Grundlage der alten Freundschaft zu jenen Beiden ist Goethe's Verhältniß zu dieser verständlich, wie der Briefwechsel mit einem Kinde dasselbe im Wesentlichen richtig dargestellt hat. Wenn diesem Briefwechsel nachstehend einige Proben der wirklichen Korrespondenz gegenübergestellt werden, so geschieht es in dem Sinne, wie Kestner nach Werther noch die

―――――

Schmidt, Richardson, Rousseau und Goethe. 1875. S. 46 bis 63; Stöber's Alsatia. 1868—1872. S. 273 flgde. (der Kreis der La Roche mit Hohenfeld, nach Pfeffel's Tagebuch 1783); Düntzer, Frauenbilder 1852 und Freundesbilder 1853; Jung Stilling's häusliches Leben 1789. S. 151 flgde.; Böttiger, Literar. Zust. und Zeitgenossen. 1838. I, S. 244 flgde.; Crabb Robinson's Diary. 1869, 3 Bände (s. Index des Bd. III unter La Roche und Brentano); des Buchhändlers Götz Geliebte Schatten S. 13; die Jacobi'schen und Merck'schen Briefwechsel; K. Weinhold's Boie. 1868; E. Bodemann's Julie v. Bondeli 1874; v. Stramberg's Rheinischer Antiquarius und die sonst in den Anmerkungen zu den Briefen allegirten Schriften.

wirklichen Briefe Goethe's an Lotte und ihren Gatten veröffentlicht und dadurch zur genaueren Erkenntniß des Dichters und der Dichtung erheblich beigetragen hat.

Als Bettina nach Goethe's Tode ihre Briefe an ihn aus seinem Nachlasse zurückerhielt und sie nach zum Theil mehr als zwanzig Jahren in Verbindung mit den von ihm empfangenen wiederlas, war sie von dem Gegensatze seiner Ruhe, Weisheit und Milde mit ihrem überschäumenden Enthusiasmus und der sprudelnden Fülle ihrer naiven Liebe betroffen. Sehr schön drückt sie diesen charakteristischen Unterschied in einem Briefe an Frau Görres aus. Sie schreibt dieser zu Anfang 1835 von dem Briefwechsel: „Er enthält meine Herzensangelegenheiten mit ihm nackt und bloß, wie sie Gott in mir erschaffen hat und wie Er unter dem Beistand der Grazien sie gezähmt und gebändigt hat. Welche Weisheit und Güte in diesem Mann gegen mein anstürmendes Herz, wie schön hat er es zu leiten gewußt, wie gut hat er im Drang übereilter Herzensergießungen das Hohe herausgefühlt, welch' unbegrenztes Vertrauen in mir, ihm alles, alles ohne Bedenken zu sagen" (J. v. Görres Gesammelte Briefe. München 1874. 3, Nr. 391). Aehnlich in den Schreiben an Fürst Pückler aus der Zeit der Herausgabe ihrer Korrespondenz mit Goethe (Pückler's Briefw. und Tagebücher. Hamburg 1873. 1, S. 242 flgd.).

Bei dieser Herausgabe glaubte Bettina sich berechtigt, durch Benutzung andrer gleichzeitiger Dokumente, Briefe und Gedichte, sowie ihrer lebendigen Erinnerungen die charakteristischen Züge verschärfen und aus diesen Quellen dem Ton und Geist der Briefe entsprechende Zusätze machen zu dürfen. Ebenso hielt sie für erlaubt, einzelnes Störende oder Gleichgültige zu beseitigen. Die Reinheit der Komposition, die Nothwendigkeit alles Licht auf die beiden personae dramatis zu concentriren schienen ihr zu verlangen, daß weder ihres in dieselbe Zeit fallenden Brautstandes mit Achim von Arnim, noch Goethe's Ehe viel gedacht würde. Fast überall, wo sie Arnim und Goethe's Frau erwähnt fand, strich sie die Namen oder substituirte für die Frau den Herzog von Weimar. Auch die örtlichen und zeitlichen Beziehungen hielt sie nur im Allgemeinen, nicht im Einzelnen, aufrecht. Sie ging von den höchsten Gesichtspunkten aus und ihre Treue galt dem Geiste, nicht dem Buchstaben der Briefe. Hinzuerfunden hat sie sehr wenig.

Diese künstlerische Umgestaltung hat den Eindruck des Buchs gewiß erhöht und dies wäre noch mehr der Fall gewesen, wenn sie nicht die Daten der Briefe ohne Noth etwas zu frei geändert und einige an sich richtige Motive durch zu weite Ausführung entstellt und abgeschwächt hätte. Mit dem Letzteren deute ich auf die Verwerthung Goethischer Gedichte für den Briefwechsel, auf den zähmenden Beistand der Musen und Grazien.

Das reale Element in der Goethischen Lyrik zeigt sich auch äußerlich darin, daß Goethe nie Anstand genommen, aus dem wirklichen Leben einzelne Worte und Wendungen in seine Gedichte unverändert herüberzunehmen. Ganz ebenso, wie er in den Divan, wo er Suleika redend einführt, fast immer Gedichte der wirklichen Suleika ein=schaltet, werden diejenigen seiner Sonette, worin er das Mädchen, die Liebende, schreiben oder sprechen läßt, mündliche oder briefliche Aeußerungen der jungen Mädchen verwerthen, deren Umgang sein nahendes Alter verschönte. Ich wüßte nicht, warum man den klaren Zusammenhang des Sonetts „Sie kann nicht enden", welches gesperrt dieselben Kose=worte enthält wie das hier abgedruckte Schreiben Bettina's vom 15. Juni 1807, mit dem Brief=wechsel leugnen sollte, noch, wie man es könnte. Unbestreitbar ist die Echtheit von Goethe's Brief vom 5. September 1807 (des gedruckten Brief=wechsels), in Wirklichkeit aus Anfang Januar 1808 — wie der Vergleich mit dem von Goethe's Mutter vom 15. Januar 1808 (Keil's Frau Rath Nr. 149) ergiebt[1]) — welcher die jenen Zusam=menhang beweisende Aeußerung enthält: „Mein artig Kind! schreibe bald, daß ich wieder was zu

---

[1]) Beide Briefe erwähnen „Melinens Mütze", der eine Riemer's Verse, der andre die Veranlassung derselben.

übersetzen habe". Diese Aeußerung war Wilhelm Grimm bekannt, der 1834 vor dem Drucke des Buchs schreibt: "Mehrere Briefe hat Goethe in Gedichte übersetzt, wie er selbst scherzhaft sagt"[1]).

Dazu kam ferner, daß Bettina unter ihren Papieren auch einige der Goethischen Sonette in des Dichters Handschrift vorfand und sich des Empfanges derselben noch wohl erinnerte. Sogleich das erste "Ein Strom entrauscht umwölktem Felsensaale" theilte sie im Briefwechsel (I, S. 162) keineswegs aus Goethe's gedruckten Gedichten, sondern aus der ihr einst zugesandten Handschrift mit. Denn nur hier findet es sich in den ursprünglichen, bei dem Abdrucke verworfenen Lesarten[2]). Dasselbe ist der Fall mit

---

[1]) A. Reifferscheid, Freundesbriefe von W. und J. Grimm. 1878. Nr. 70 vom 29. October 1834.

[2]) Die Hauptänderung erfolgte im fünften Verse; in den Werken: "dämonisch aber stürzt mit einem Male," im Briefw. mit einem Kinde, und nur hier: "doch stürzt sich Oreas mit einemmale." Zufällig besitze ich dies Sonett in Goethe's eigenhändigem Concept und darin findet sich Bet-

dem fünften Sonett „Wachsthum"; auch dieses steht bei Bettina (I. S. 229) mit der sonst unbekannten Lesart im Schlußverse: „vor deinem Blick", und dieselbe Lesart, freilich mit noch andern Veränderungen, hat diejenige Handschrift dieses Sonetts, welche Wilhelmine Herzlieb besaß. Daß dasselbe daher wirklich Goethe's Mutter für deren kleine Freundin zugesandt worden, wie diese a. a. O. angiebt, verdient durchaus Glauben.

Soweit war also Bettina in der Aneignung der Sonette und im Hinweis auf den Briefwechsel als Quelle ganz im Rechte. Daß sie sich dann bedeutend mehr zueignete, als eine verständige Benutzung ihrer Papiere erlaubte, war von ihrem Standpunkte der künstlerischen Abrundung und des psychologischen Interesses durchaus kein Unrecht. Die Kritik muß jedoch ihren zierlich geflochtenen Kranz erbarmungslos zerpflücken, sie kann keinen

---

tina's Lesart genau wieder, aber durchstrichen und durch die Lesart der Drucke ersetzt. Folglich hatte Bettina das Sonett vor der Aenderung und vor dem Drucke erhalten.

ästhetischen Zweck billigen, der auf Kosten der innern Wahrheit erreicht wird. Sie tilgt das schöne Sonett „Mit Flammenschrift war innigst eingeschrieben" auf dem Blatte vor Bettina's „Briefwechsel mit Goethe" wegen der darin enthaltenen persönlichen Beziehungen auf die Herzlieb, sie tilgt in diesen Briefen alle Divans-Gedichte ohne Ausnahme. Sie weiß, daß das (I, S. 262 und 263) dem Sommer 1808 überwiesene: „Als ich auf dem Euphrat schiffte" hier ganz unhistorisch herangezogen ist, weil Goethe's orientalische Epoche erst 1814 beginnt[1]), sie muß daher auch die prosaischen Anklänge an das Gedicht (S. 262) als erst nachträglich aus demselben in den Brief hineingetragen, gleich den Stellen (I, 237) in Goethe's Schreiben vom 7. Juni 1808 vom „Aufdröseln der Schnur" und II, S. 25 von den „Beweisen des Eindrucks" in demjenigen vom 23. Februar 1809, verwerfen. Dasselbe gilt von dem Gedichte: „Wie mit innigstem

---

[1]) Das Original hat das Datum: 17. September 1815.

Behagen" (II, S. 90), deſſen in Wien aufbe=
wahrtes Original vom 23. December 1815 datirt
iſt¹) und von der, klar erfundenen, Briefſtelle
(S. 89 daſ.), welche ſich auf dies Gedicht und auf
den 1809 noch gar nicht geplanten Divan be=
ziehen ſoll.

Das kritiſche Material, welches die immer er=
weiterte, Bettina noch ganz fehlende, Kenntniß der
Entſtehung der Goethiſchen Gedichte und die vielen
andern Dokumente aus des Dichters Leben uns
gewähren, namentlich die in die Jahre 1807 und
1808 fallenden Briefe ſeiner Mutter an ihn und
ſeine Frau (in Keil's Frau Rath), laſſen das Ver=
fahren Bettina's bei Zuſammenſtellung ihres Brief=
wechſels ſehr deutlich erkennen. Dies Material
ſollen die nachſtehenden Originalbriefe, einer von
Bettina, vierzehn von Goethe, vermehren, deren
Abdruck hier alſo lediglich zu kritiſchen Zwecken,
als Beitrag zur Entſtehungsgeſchichte des „Brief=
wechſels mit einem Kinde" erfolgt.

---

¹) Schröer, Deutſche Dichter des 19. Jahrhunderts.
S. 437.

Die thatsächliche Unterlage desselben ist nun viel umfangreicher, viel unbezweifelter, sein lite= rarischer Werth viel größer, als bisher im All= gemeinen angenommen worden ist. Wenn die Kritik daher in den eben berührten Punkten Bet= tina ungünstig sein muß, so ist sie gleichwohl, seitdem sie den Prozeß fast ganz zu überblicken vermag, in den Stand gesetzt, zu bekennen, daß Bettina nur authentische Schriftstücke, frei= lich hie und da überarbeitet, veröffentlicht hat. Würde die nachstehende Publikation diese Ueber= zeugung zur allgemeinen erheben, so wäre ihr Ge= winn nicht gering. Denn man weiß, daß mancher Kritiker, mancher Literarhistoriker den ganzen Brief= wechsel für eine Erfindung, für eine Mystifikation gehalten, und daß die Meinungen über dessen Echt= heit noch heute nicht ausgeglichen sind[1]). Aus

---

[1]) Der frühere sehr verdienstvolle Herausgeber der Blätter für literarische Unterhaltung, H. Marggraff zum Bei= spiel sah den ganzen Briefwechsel als eine Erfindung an und sprach nur von Goethe's „angeblich" an das Kind gerichteten Briefen, die ihm „sehr wenig Goethe'sches" zu

der Uebermalung treten die ursprünglichen Farben immer deutlicher hervor.

Bei Herausgabe und Erklärung von Goethe's „Dichtung und Wahrheit" vor einigen Jahren ergab mir die sorgfältigste Prüfung der „Pericopen" (Briefw. II, 289), welche Bettina hiezu Goethe'n sandte, die Glaubwürdigkeit ihrer damaligen Mittheilungen. Die Erzählung von dem Lissaboner Erdbeben, von der Schlittschuhfahrt um's Jahr 1774 und viele Einzelheiten aus Goethe's Kindheit in jenem Werke sind auf Bettina zurückzuführen, die treue Gesellschafterin seiner Mutter, deren Erinnerungen sie hervorgelockt und in sich aufgenommen hatte. Neuerdings sind auch ihre enthusiastischen Briefe aus Wien über Beethoven

---

haben schienen. Arnold Schloenbach dagegen, Verfasser der „Zwölf Frauenbilder aus der Goethe-Schiller'schen Epoche" (Hannover 1856) bemerkte ganz richtig: „Wenn Bettina auch nie etwas Anderes gethan und gewirkt hätte, als unserm Altvater Goethe das gewesen zu sein, was sie ihm war, schon allein dadurch hätte sie die Liebe und den Dank der deutschen Nation verdient."

(1810) von Thayer¹) auf Grund minutiösester Forschung als echt anerkannt worden. Im dritten Bande seines Werkes widmet er der Frage über deren Glaubwürdigkeit einen eigenen Abschnitt und kann nicht umhin, sie zu bejahen.

Das erste Schreiben Bettina's an Goethe im Briefwechsel ist nur in unbedeutenden Punkten abgeändert. Dieß zeigt die nachstehende Gegenüberstellung beider Gestalten des Briefs (S. 147 fg.). Wenn Bettina denselben vom 15. Juni 1807 in den Mai zurückversetzt hat, so scheint sie das Datum eines noch früheren, also ihres wirklich ersten Schreibens an Goethe auf diesen, den sie seinem Inhalte nach zur Eröffnung der Korrespondenz geeigneter fand, übertragen zu haben. Denn Goethe erhielt durch seine Mutter unter dem 19. Mai 1807 bereits eine Einlage von Bettina (Keil's Frau Rath Nr. 143). Eine ähnliche Versetzung erfuhr ihr Brief vom 18. Juli

---

¹) Alexander Wheelock Thayer, L. v. Beethoven's Leben. 3 Br. 1879. S. 453—462.

1808 (Briefw. I, 258 flgd.), welcher im Originale vom 20. Juni datirt ist. In diesem lautet der Anfang: „Warst Du schon auf dem Rochusberg? — er hat in der Ferne eine sonderbare Gestalt, wie soll ich es Dir beschreiben? — so, als wenn man ihn gern befühlen, streicheln möchte. Wenn die Kapelle, die auf der Spitze liegt" u. s. w. Der im Briefwechsel (II, S. 79 flgd.) vom 16. Juni (1809) richtig datirte Brief Bettina's hat in der Handschrift folgenden Anfang: „Gott lasse mir den einzigen Wunsch gedeihen, Dich wieder zu sehen! Dieser Ausruf kommt mir daher, weil ich so eben vernehme, daß Jemand von meiner Bekanntschaft nach Weimar geht, und glaubte ich Dich nicht ganz sicher im Carlsbad, so ginge ich mit[1])."

Die nachstehenden vierzehn Briefe Goethe's an Bettina schließen, in Uebereinstimmung mit dem

---

[1]) Das Weitere in dem gedruckten Briefe: „das bläst die Asche" bis zu Ende des Absatzes: „da muß ich immer mit ihr" fehlt in der Handschrift, die jedoch gleich der des Briefs vom 20. Juni 1808 nicht weiter, als angegeben, hat verglichen werden dürfen.

gedruckten Briefwechsel, mit demjenigen vom 11. Januar 1811. Goethe scheint ihr jedoch noch einige Tage später geschrieben zu haben. Denn es existirt ein blaues Couvert mit der Adresse an Bettina von seiner Hand, welches den Poststempel des „17. Januar 11" trägt[1]). Ihre Verheirathung mit Arnim fand Statt am 11. März desselben Jahres. Ein zwei Monate später von ihr an Goethe gerichteter Brief ist nicht mit abgedruckt. Dann folgte der Besuch des Arnimschen Ehepaares in Weimar und dort der Konflikt Bettina's mit Goethe's Frau, welcher der Korrespondenz ein Ende machte. Doch hörten die Beziehungen nicht ganz auf. Und noch wenige Tage vor seinem Tode empfing Goethe den Besuch von Bettina's ältestem Sohne, der ihm einen Brief seiner Mutter vom 8. März 1832 überbrachte[2]).

---

[1]) Das Couvert ist beschrieben: „An Demoiselle Bettina Brentano bei Hr. v. Savigny nach Berlin." Auf der Vorderseite steht: der 22. Januar, auf der Siegelseite der Stempel vom 17. Januar 11.

[2]) Stägemann's Briefe ꝛc. aus Varnhagen's Nachlaß, S. 294.

Von Goethe's Briefen an Bettina liegen mir die drei vom 15. September 1809, vom 5. Februar und vom 12. November 1810 in der Originalhandschrift vor. Der Abdruck der übrigen eilf, sowie desjenigen von Bettina an den Dichter vom 15. Juni 1807 ist nach Abschriften von den Originalbriefen bewirkt, welche letztern Bettina im Mai 1858 probeweise mittheilte, um damit die Lewes'schen und andre Angriffe auf die Glaubwürdigkeit ihrer Korrespondenz mit Goethe zurückzuweisen.

Was die Briefe an Sophie von La Roche anbetrifft, so liegt bei neunzehn Nummern die Handschrift des Dichters dem Drucke zu Grunde. Dies sind Nr. 1. 2. 3. 12. 16. 17. 24. 26. 27. 29. 30. 32. 33. 37. 38. 40. 41. 43 und 44, mehr als zwei Drittel des Textes ausmachend. Die Originale sind von dem Sohne der Empfängerin, Karl von La Roche, auf seinen Enkel, Herrn Appellationsgerichtsrath Freiherrn von Lützow zu Glogau, vererbt, dessen Güte ich die Erlaubniß zum Abdrucke verdanke. Die übrigen 25 Nummern, etwa ein Drittel des Textes, sind Abschriften ent=

nommen, welche die verstorbene Frau Schlosser dem Dr. med. Kellner zu Frankfurt a. M. im Januar 1862 zum Behufe des von mir jetzt veranstalteten Drucks überlassen hatte.

Als Schlosser'n im Jahre 1806 die Originale aller dieser Briefe, mit Ausnahme von Nr. 16 und 44, zugingen, kopirte er dieselben offenbar sehr flüchtig und meist in der ihm geläufigen Schreibweise. Mit diesen Mängeln sind dieselben in Frese's Sammlung aus Schlosser's Nachlasse[1]) herausgegeben, weshalb dieselben hier, wenigstens zum überwiegend größeren Theile, genau nach des Dichters Handschrift von Neuem erscheinen, die erwähnten zwei Nummern überhaupt zum ersten Male[2]). Es

---

[1]) Goethes Briefe aus Fritz Schlossers Nachlaß. Herausgegeben von Julius Frese. Stuttg. 1877.

[2]) Als Beispiele führe ich folgende Fehler des Schlosser'schen Textes an: in Nr. 1 meine Seele statt: „meine ganze Seele"; zween Ihrer Töchter st.: „zween Töchter" (Sophie hatte nur zwei); in Nr. 2 Detail st.: „Detail der Erzählung"; in Nr. 30 das Meer verlangt Leichen st.: „Feigen"; vor „analysirt" weggelassen: „die Worte"; grab Karten, st.: „just Karten"; zu ruhiger Zeit rechten st.: „zu ruhigerer

wird dabei Goethe's Schreibweise, welche ganz bestimmte Formen, zum Theil noch solche aus dem Ende des funfzehnten Jahrhunderts festhält, unverändert reproduzirt. Die Gründe, weshalb die zum größten Theile undatirten Briefe und Briefchen eine andere Datirung und Reihenfolge erhalten mußten, als in dem Buche aus Schlosser's Nachlaß, sind in den denselben beigegebenen Anmerkungen entwickelt.

Auch der Abdruck der Uebertragung des Hohen

Zeit rechnen"; den Oelpinzel in die Hände nehmen st.: „den Oel Pinsel in die Hand nehmen"; in Nr. 32 Ihre guten Briefe st.: „Ihren guten Brief;" Niemand st.: „Niemand mehr;" zur Stütze st.: „zu Nütze;" politische Zeitung st.: „gelehrte Zeitung" u. s. w. Andrerseits erscheinen in dem Abdruck nach Schlosser's Copien Formen wie: solger, emfinden, emfehlen, die Goethe nie gebraucht hat, Dehnungen zu einer Zeit, wo er Kürzungen anstrebte z. B. in Nr. 1 der Briefe: unserer, sehen, stehen, dagegen im Original „unsrer sehn, stehn." Der junge Goethe schreibt mit Fischart: bancken, dencken, Werck, offt, Schwerdt, Schu, Reutersmann, Würckung, süße, süßiglich, benötiget u. s. w. Formen, die zu Schlosser's Zeit nicht mehr üblich waren, und daher unwillkürlich beim Abschreiben von ihm umgeändert worden sind.

Liebes ist nach Goethe's Handschrift besorgt, die des Dialogs vom Jahre 1774 (Briefe an Sophie Nr. 20a) dagegen nach einer authentischen Abschrift.

Berlin, den 3. December 1878.

G. v. Loeper.

Inhalt.

	Seite
Einleitung des Herausgebers	I—LI
Vierundzwanzig Briefe von Goethe an Sophie von La Roche	1—124
Des Künstlers Vergötterung. Drama von Goethe. 1774.	55—57
Goethe's Uebersetzung des Hohen Liedes. 1775	125—145
Ein Brief von Bettina an Goethe	147—157
Vierzehn Briefe von Goethe an Bettina . . .	159—197
Berichtigungen und Nachträge	198—201
Personenverzeichniß	202—214

Vierundvierzig Briefe

von

Goethe an Sophie von La Roche.

1.

(Ein Quartbogen.)

(Darmstadt, etwa den 20. November 1772.)

Warum auch nur ein Wort darüber, daß Ihr Brief nicht gleich auf den meinigen folgte, kenn ich nicht Ihr Herz, und weis ich nicht, daß es in Neigung und Freundschafft unveränderlich bleibt.

Seit den ersten unschätzbaaren Augenblicken, die mich zu Ihnen brachten, seit ienen Scenen der innigsten Empfindung, wie offt ist meine ganze Seele bei Ihnen gewesen. Und drauf in der Glorie von häuslicher mütterlicher Glück=seeligkeit, umbetet von solchen Engeln Sie zu schauen, was mehr ist mit Ihnen zu leben! Meine Armuth an Worten, meine Unfähigkeit mich laut zu freuen, haben mir allein ausdrücken können was ich fühlte, und Sie — Sie wissen am besten was Ihr Herz für mich spricht.

Sie klagen über Einsamkeit! Ach daß das Schicksaal der edelsten Seelen ist, nach einem Spiegel ihres selbst vergebens zu seufzen. | Sie werden es nicht immer, und schon iezt, mit welchem ganzen Gefühl sehen Sie zween Töchter unter Ihren Augen werden, die, wenn sie Ihnen nicht alles sind, doch alles sind was die liebe Gottheit Sterblichen von Glückseeligkeit zu schencken vermag. Daß aber auch des Menschen Schicksaal ist, daß der Reiche nicht lebendig fühlt seinen Reichtum! Glauben Sie Ihren Freunden, wie überwohl der Austeiler des ganzen es mit Ihnen gemeint hat; wir nur wissen was Sie haben, denn wir empfinden nicht was Ihnen fehlt. Hundertmal freuen wir uns im Geiste nach über die Augenblicke die wir in Gegenwart der schönsten Natur in dem seeligsten Zirkel genossen. Mad. Merck empfand die volle Wärme Ihres Briefs, und grüßt Sie herzlich durch mich, erwartet auch sehnlich einen Brief von Mdlle Max.

Merck sagt mir daß Sie von Jerusalems Todte, einige Umstände zu wissen verlangen. Die vier

Monate in Wetzlar sind wir nebeneinander herum=
gestrichen, und ietzo acht Tage nach seinem Todte
war ich dort. Baron Kielmansegg, einer der
wenigen denen er sich genähert, sagte mir: „das
„was mir wenige glauben werden, was ich Ihnen
„wohl sagen kann, das ängstlichste Bestreben nach
„Wahrheit und moralischer Güte, hat sein Herz
„so untergraben, daß mißlungne Versuche des
„Lebens und Leidenschafft, ihn zu dem traurigen
„Entschlusse hindrängten."

Ein edles Herz und ein durchdringender Kopf,
wie leicht von außerordentlichen Empfindungen,
gehen sie zu solchen Entschließungen über, und das
Leben — was brauch, was kann ich Ihnen davon
sagen. Mir ist's Freude genug, dem abgeschiednen
Unglücklichen, dessen Taht von der Welt so un= 4. S.
fühlbaar zerrissen wird, ein Ehrenmaal in Ihrem
Herzen errichtet zu haben.

Ich hoffe Mlle May wird erlauben daß ich
manchmal schreibe, ich will Ihre Güte nicht miß=
brauchen.

Leben Sie wohl, und wenn Sie fühlen könnten,

wie sehr ich an allem Anteil nehme was von Ihnen
kömmt, Sie würden manchen Augenblick Beruf
zu einem Briefe an mich empfinden und Mlle May
würde länger bei Ihren (sic) köstlichen Nachschriff=
ten verweilen.

Goethe.

No. 1. Bei Frese desgleichen.

Mit obigem Datum zwischen die Briefe an Kestner,
J. G. I, No. 29 und 30, einzurücken. Nach dem im Briefe
erwähnten, mit Schlosser in Wetzlar gemeinschaftlich gemachten
Besuche begab sich Goethe Montag, den 16. November, auf
fast vier Wochen nach Darmstadt zu Merck. Von hier ist
der Brief geschrieben. Merck sowohl als seine Frau sind
darin als gegenwärtig bezeichnet. Die Worte „jetzo, acht
Tage nach seinem Tode" sprechen zwar für die erste Zeit
des Darmstädter Aufenthalts; andrerseits ist Sophien's Bitte
um Entschuldigung der Verspätung ihrer Antwort nur zu
verstehn, wenn man einige Wochen, mindestens vierzehn
Tage, zwischen dieser Antwort und dem verlorenen Briefe
Goethe's als verflossen annimmt. Goethe hatte die Korrespondenz
sechs Wochen nach seinem September=Besuche in Ehrenbreit=
stein eröffnet und ausführlich und mit Wärme über Je=
rusalem's Persönlichkeit und Ende an Sophie geschrieben.
Da er die Todesnachricht am 1. November erhielt und schon
am 5. nach Wetzlar aufbrach, so fiel jener erste Brief da=
zwischen, also in die ersten Tage des November. Am 29.
(J. G. I, No. 30) dankt er Kestner für Uebersendung der

authentischen Nachricht über Jerusalems Tod, welche er bei Abfassung obigen Briefs (f. No. 2) noch nicht in Händen hatte. Hieraus ergiebt sich für das Datum obigen Briefs die Zeit nicht vor dem 20. und nicht nach dem 29. November.

Der Baron Kielmannsegge, ein Mecklenburger von Goethes Alter, junger Jurist, hatte zu Jerusalem's nächsten Freunden gehört, ebenso zu Goethes Bekanntschaften während dessen Wetzlarer Aufenthalts im Sommer 1772; f. über ihn Dichtung und Wahrheit Buch 12, Goethe's Briefe an Kestner und Strodtmann's Bürger.

2.

(Ein Quartbogen.)

Frankfurt am
19. Jan. 1773.

Viel tausend Danck für das liebe Paket. Es hat mich so ganz in die glücklichen hellen Tage versetzt, zu Ihnen und Ihren liebsten, hat mir alle unsre Unterredungen wieder lebendig gemacht. Aber auch beschämt war ich von der Pünctlichkeit. Pygmalion ist eine treffliche Arbeit; soviel Wahrheit und Güte des Gefühls, soviel Treuherzigkeit im Ausdruck. Ich darfs doch noch behalten, es muss allen vorgelesen werden deren Empfindung ich ehre. Ihr schwäbischer Merck ist ein Biedermann. Unsern Darmstädter hab ich seit Ihrem Briefe nicht gesehen. Er ist munter, arbeitet allerley, und hat ietzo Leyseringen.

Vielleicht ist der Termin Ihres Stillschweigens vorbey und Sie wissen das alles und mehr.

Von Jerusalems Todte schrieb ich nur das pragmatische Resultat meiner Reflecktionen, das war freylich nicht viel. Ich hoffte auf eine umständliche autentische Nachricht, die ich nun überschicken kann. Sie hat mich so offt innig gerührt als ich sie las, und das gewissenhaffte Detail der Erzählung nimmt ganz hin. Ihr Märgenserzähler ist ein lieber Junge den Gott erhalte, ich wünsche daß sein Herz immer viel gute Sachen zu erzählen haben möge, gut wird er sie uns immer erzählen.

Der Herzog v. W. bleibt in der Art seines Aufwandes sich immer gleich. Viel Glück dem iungen Helden! wir üben unsre Phantasie wie ihm die Uniform stehen möge. Und ich | hoffe 2. S. mein Andencken ist noch nicht aus Ihren Wohnungen gewichen. Meine Einbildungskrafft verläßt den Augenblick nie, da ich von Ihnen und Ihrer vollkomnen Tochter mich trennen mußte, und mit Abschiedvollem Herzen die letzte Hand küßte, und sagte vergessen Sie mich nicht. Meine Schwester wünscht und hofft Sie zu kennen, wir leben glücklich zusammen, ihr Karacter hat sich wunderbaar schnell gebildet wie wünscht ich daß sie näher Ihnen wäre. Sie würden für eine Tagreise Ihres Lebens gewiß eine liebe Gefährtin haben. Leben Sie wohl und wenn Sie das Wasser vor Ihren Fenstern vorbeyfliessen sehn, so erinnern Sie sich unsrer, wir sehn es niemals hinabfliessen ohne es zu seegnen und uns mit zu wünschen.

Goethe.

Könnten Sie nicht Wielanden wohlmeynend rathen, den Deutschen Merkur monatlich herauszugeben. Dergleichen Schrifften machen keinen Appetit Bände weis.

No. 2. Bei L. Assing No. 3, im Jungen Goethe I, No. 44 und bei Frese No. 2.

Pygmalion, ein Drama von J. J. Rousseau. Sophie spielt darauf im 85. von „Rosalien's Briefen" an (II, 347), ebenso erwähnt es J. G. Jacobi in der Iris 1775 (IV, S. 5).

Der schwäbische Merck ist Brechter, der Freund der La Roche's, evangel. Pfarrer zu Schwaigern bei Heilbronn. Er gehörte zu dem Stadionschen Kreise. Auf seinen Rath hatte Sophie zur Feder gegriffen (L. Assing S. 133. 137) und ebenso nahm er thätigen Theil an La Roche's „Mönchsbriefen". In der Sternheim feierte ihn Sophie als den „einsichtsvollen Herrn Br." (I, 278) und widmete ihm den Brief an „Herrn Prediger Br." (II, 85); in „Rosalien's Briefen", erscheint er als der „würdige Herr Pfarrer M. K." (I, S. 180 flgde). Vergl. unten Briefe No. 10 u. 12. Wieland nennt ihn, in der Einleitung zur Sternheim „einen der würdigsten unter allen Pfarrern, die ich jemals kennen gelernt habe" und Schiller hatte ihn wohl im Auge, als er unter den berühmten „jetzt lebenden" Württembergern einen „Landgeistlichen" anführte (hist. krit. Ausg. II, S. 386. Z. 20 flgde).

Was Merck arbeitete, ergiebt Nr. 3. Leysering ist der Elsässer Leuchsenring, Darmstädter Titular-Rath, Goethe's, „Pater Brey".

„Das pragmatische Resultat meiner Reflexionen" über Jerusalem stand in Goethe's erstem, nicht mehr vorhandenen Briefe. Die authentische Nachricht, deren Abschrift er übersendet, ging an demselben Tage an Kestner zurück (J. G. III, No. 41), diejenige, welche als No. 28 in „Goethe und Werther" eingerückt ist.

Ihr Märchenerzähler weist auf Wieland, auf Agathon und die eben erschienenen letzten Theile seines „goldenen Spiegels" (1772), einer „wahren Geschichte". Die Aeußerung hier erläutert der Schluß von Goethe's Besprechung des Buchs in den Frankfurter Gelehrten Anzeigen (J. G. II, S. 459 flgde). Die Verstimmung gegen Wieland begann erst später. Auf Agathon hatte Goethe pränumerirt.

Der Herzog von Württemberg, der Stifter der Karlsschule, bekannt wegen seines „Aufwandes", wohl von Sophie unter ihren bisherigen schwäbischen Beziehungen genannt.

Der junge Held, Sophien's ältester Sohn Fritz. Er trat

als Officier in französische Dienste und nahm als solcher an dem Nordamerikanischen Befreiungskriege Theil (L. Assing S. 350 flgde). Wieland hatte ihn eine kurze Zeit zu Weimar in Pension gehabt, „der Mann, der den Vorsatz gefaßt, den ältesten Sohn seines Freundes an den seit Kurzem veränderten Ort seiner Bestimmung mitzunehmen" (Sternheim, I, 232).

Der Merkur erschien wirklich in Monatsheften, wovon drei einen Band ausmachen.

3.

(Ein Octavbogen.)

Ich schreibe Ihnen diesmal nur in Handlungs Speditions Sachen, Merck und Compl. Hier sind zwölf Exempl. Ossian. Das eine der gehefteten bittet er Sie anzunehmen.

Leysering wird Ihnen wunderbaare Geschichten erzälen, und auch ich habe Ihnen viel zu sagen; sobald's ruhig um mich ist, wird mir's aller Trost seyn Ihnen schreiben zu können, wie ich mich auch mit der Hoffnung nähre Sie noch diesen Sommer zu sehn. Denn ich binn allein, allein, und werd es täglich mehr. Und doch wollt ich's tragen, daß Seelen die für einan|der geschaffen sind, sich so 2. s. selten finden, und meist getrennt werden. Aber daß sie in den Augenblicken der glücklichsten Ver= einigung sich eben am meisten verkennen! das ist ein trauriges Räßel. Erneuen Sie mein Andencken unter den Ihrigen, mit denen Sie so glücklich leben, und in dem Herzen Ihres teuern Abwesenden. Geschr. Erfurt. am 12 May 1773.

Goethe.

No. 3. Bei Frese desgleichen. Nach einer Notiz S. Hirzels auf der ihm 1862 mitgetheilten Abschrift damals bereits gedruckt; jedenfalls ein Irrthum, da der Brief in seinem Jungen Goethe fehlt.

Den Offian gab Merck 1773—1777 in vier Bänden englisch heraus. Vergl. seine „technisch-merkantilische Luft" in Dichtung und Wahrheit Buch 13 und Goethe an Kestner (J. G. I, No. 68).

Leuchsenrings wunderbare Geschichten, diejenigen, welche den damals geschriebenen Pater Brey veranlaßt hatten. Was Goethe zu sagen hatte, bezieht sich hauptsächlich auf den zum Druck vorbereiteten Götz von Berlichingen, das Alleinsein auf Merck's so eben erfolgte Abreise nach Petersburg und die dadurch, durch die Verheirathung von Karoline Flachsland mit Herder (1. Mai) und den Tod der „Urania", der Henriette von Roussillou (am 18. oder 19. April) bewirkte Auflösung des Darmstädter Cirkels, das sich Verkennen in Augenblicken der glücklichsten Vereinigung auf Herder, dessen Hochzeit Goethe angewohnt hatte. Grade damals, nach dem Tode der Roussillou befand sich dieser in der erregtesten Stimmung (J. G. I, No. 64 bis 67).

Der theure Abwesende ist La Roche, damals, wie später, längere Zeit in Wien s. Wieland's Schreiben an Gebler v. August 1773 (Auswahl denkw. Br. von Wieland, Wien 1815. II. S. 29 u. 38).

4.

Ich will gern diesen Monat in Frff. harren, und noch einen in der Hoffnung Sie zu sehn; denn so erklär ich mir die dunkle Stelle Ihres Briefs. Lassen Sie mir immer meine Bedencklichkeiten, dafür wird mir auch die Freude um so viel grösser, wenn mich eine so liebe Teilnehmung überrascht, wie die Ihrige an meinem Götz. Ich habe sie gewünscht das gestehe ich gerne, auch zum Teil gehofft, Sie wissen aber wie man ist.

Mercken würden Sie einen Gefallen thun, denn er ist auch hier Verleger, wenn Sie beykommende Exemplare, sind 24 vor 48 Xr das Stück absezzen liessen. Ich weiß nicht hab ich Ihnen schon im Nahmen des Mahlers für das überschickte gedanckt.

Meinen Jahrmarkt halt ich mir vor, Ihnen selbst zu lesen und Ihnen viel zu erzälen. Und so hundert Grüsse Ihren Lieben

Goethe.

(Frankfurt) 11 Juli 1773.

No. 4. Bei Frese No. 6.

Der Götz war Mitte Juni, in Merck's Verlag, erschienen (Dicht. u. Wahrh. Buch 13). Die „Bedenklichkeiten" über den Erfolg des Werks auch in dem Briefe an Kestner (J. G. I, No. 76): „ich fürchte, es bleibt hocken."

Der Maler, Morgenstern oder Nothnagel, einer der aus Dichtung und Wahrheit bekannten damaligen Frankfurter Maler; auf Goethe's Empfehlung wird La Roche denselben für seine Gemäldesammlung (Note zu No. 44) beschäftigt haben.

Das Jahrmarktsfest von Plundersweilern ward in der Zeit unmittelbar nach dem Götz, April 1773, concipirt, doch erst nach dem Werther, Herbst 1774, veröffentlicht.

5.

(Frankfurt, Ende August 1773.)

Ich habe über Ihre Briefe gesagt nicht was ich wollte sondern was ich musste. Und so wars vom Herzen zum Herzen, und da geht kein Wort verlohren, denn eigentlich sinds keine Worte.

Sie fragen mich ob Sie meiner Schwester die Iris empfelen sollen? was sagt Ihnen Ihr Gewissen? und wenn es ia sagte warum fragen Sie mich? ich hab ihr meine Meinung geschrieben, mich dünckte sie solle sich haus lassen, solle ihre Freunde nicht in Contribution sezzen um eines Fremden willen mit dem sie nie etwas gemein gehabt hat, noch haben kann und dessen Keckheit unverzeihlich ist, mit der er zu seiner Geldschneyderey die Spediteurs zusammenbettelt, und übrigens möge sie nun thun wies ihr vorkommt.

Das hab ich geschrieben, und nun thun Sie was Sie können, und meine Schwester mag thun was sie will, mir ist die Kleinheit des Menschen wieder bey der Gelegenheit recht merckwürdig worden, und mir gehts wie dem D. Dechant der die Sotisen seiner Widersacher wie eine Perlen=schnur am Hals trägt.

Ich wünsche Jacobi viel halbe Pistolen, und in dieser Rücksicht hab ich ihm das andre ver=ziehen: Daß die Kerls mit ihrem Nahmen Wucher treiben ist recht gut, nur mich und die Meinigen sollen sie ungeschoren lassen, da sie auch dünckt mich überzeugt seyn könnten daß man mit ihnen nichts zu thun haben will.

Da ich fertig bin liebe Mama fällt mir ein daß ich ungerecht gegen die Jacobis binn, hab ich mich denn nicht auch bei ihren Weibern Tanten und Schwestern eingenißtelt, das giebt ihnen nach der strengsten Compensation ein Recht auf meine Cornelie. Oho!

Meine Eltern und Fränlein v. Klettenberg grüßen Sie herzlich, von Ihrer Max kann ich nicht lassen so lange ich lebe, und ich werde sie immer lieben dürfen.

No. 5. Bei Frese No. 4.

Zwischen diesen und den vorigen Brief fällt der Besuch Sophien's mit ihrer Tochter Maxe in Frankfurt, zu Anfang August, worüber Goethe an Kestner (J. G. I, No. 78): „Mad. La Roche war hier, sie hat uns acht glückliche Tage gemacht, es ist ein Ergötzen mit solchen Geschöpfen zu leben." Bei der Rückkehr begleitete sie Goethe's Schwester nach Ehrenbreitstein, die dieser Brief als dort anwesend voraussetzt. Am 15. September befand sich Letztre schon zum Besuch in Darmstadt (J. G. I, No. 79). Der Brief ist daher aus Ende August 1773 zu datiren.

Ihre Briefe d. h. Rosalien's Briefe der La Roche, wovon ein Theil zuerst als „Frauenzimmerbriefe" in der Iris herauskam. Sie hatte Einiges davon bei dem Frankfurter Besuche Goethe'n mitgetheilt.

Der Brief ist in dem Geiste der auch von Merck und Herder getheilten Abneigung gegen die Brüder Jacobi, „die Jackerl's", Sophien's Freunde, geschrieben, welcher Goethe'n die, später vernichtete, Satire „das Unglück der Jacobi's" eingab. Die auf den Geschmack der Damenwelt berechnete „Iris" erschien ihm als kindische Geld-Entreprise. Eine solche war auch die, jedoch gescheiterte, Uebernahme der Pränumeration auf Wieland's Agathon von Seiten Jacobi's.

Der Domdechant ist der aus Dichtung und Wahrheit bekannte Dechant Dumeiz zu St. Leonard in Frankfurt a. M., der engste Angehörige des Brentano'schen Kreises und Vermittler der Heirath der Maxe La Roche mit dem verwittweten Brentano. Goethe's schon damalige Bekanntschaft mit ihm ergiebt sein Brief an Schönborn (J. G. III, No. 17). Die dort erwähnte Apathie belegt die Art, wie Dumeiz, obigem Briefe zufolge, seine Feinde behandelte.

Die „Weiber, Tanten und Schwestern" der Jacobi's — nämlich Fritz Jacobi's Gattin, Betty, dann Johanna Fahlmer, Tante der Jacobi's, als Halbschwester ihrer Mutter und ihre eigne Halbschwester Lottchen Jacobi —, Sophien's nächste Freundinnen, hatten sich im Sommer 1773, die Fahlmer schon länger, bis zum September zu Frankfurt aufgehalten; hier war Goethe mit ihnen, in verschiedener Abstufung, befreundet worden. Mit Betty und Johanna trat er in Briefwechsel. Wie er Sophien's Freundinnen, so hatte sie bei dem letzten Besuche Goethe's Familie und seine Freundin, die Klettenberg, kennen gelernt.

Statt Fräulein vermuthe ich im Original Fräulen; wenigstens redet Goethe die Klettenberg in dem an sie aus Straßburg gerichteten Schreiben in dieser Form an.

Das Oho ebenso im Briefe an die Fahlmer vom 5. März 1775 (J. G. III, No. 61) und in „Götter Helden und Wieland" (Pluto).

6.

(Frankfurt Ende August 1773.)

Wegen des Buchs liebe Mama etwas Bestimmtes.

Man wünscht das Büchelgen überjezzt. Will man die Ueberjezzung auf eigne Kosten machen lassen und nachhero einen Buchhändler suchen? oder wär's nicht besser das Büchlein dem Buchhändler so zu übergeben, und ihn selbst dafür sorgen zu lassen. Man will dem Buchhändler gleich 500 Exempl. gegen baare Bezahlung wieder abnehmen. Er will für die Ueberjezzung sorgen, und drucken mit dem Beding der 500 Exempl. Allein der Preiß läßt sich nicht bestimmen biß es fertig ist. Was wollte man wohl anwenden? Zu welchem Gebrauch solls werden, was für Papier wünschte man?

Abdio, beste Mama.

Guten Tag liebe Schwester —

Hr. v. H. einen Grus.

Ich wollte Sie hätten die paar Tage her meine Wirtschaft mit dem Apoll gesehen.

G.

No. 6. Bei Frese No. 5.

Der Gruß an die, also noch in Ehrenbreitstein anwesende Schwester, zeigt, daß der Brief dem vorigen gleich zu datiren ist.

Das Buch, eine von Sophien's buchhändlerischen Unternehmungen; Goethe sollte bei Deinet in Frankfurt oder Reich in Leipzig vermitteln. Wohl eine Uebersetzung aus dem Französischen in's Deutsche; in demselben Jahre erschien eine Uebersetzung der Sternheim in's Französische.

Hr. v. H. Die erste Erwähnung des Hausfreundes und treusten, auch politischen Anhängers La Roche's, des Domherrn, spätern kurtrierischen Ministers von Hohenfeld.

Der Apoll, einer von Goethe's Abgüssen nach Antiken. Vergl. An Kestner vom 6. Februar 1773 (J. G. I, No. 45 zu Ende) und Schönborn's Schreiben an Gerstenberg vom 12. October 1773 (Redlich's Schrift zum 29. Januar 1878.

S. VI): „Seine [Goethe's] Stube ist voller schönen Abdrücke der besten Antiken." Schon im August 1771 hatte ihn in der Mannheimer Galerie der Apoll von Belvedere am Meisten angezogen; für Lavater's Physiognomik schrieb er das Fragment über den vaticanischen Apoll (I, S. 131 flgde.). Ausdrücklich wird Letzterer unter seinen Antiken nicht genannt.

7.

Wir haben so lange nichts von Ihnen gehört. Doch muss ich Ihnen in aller Eile sagen daß Schlosser angekommen ist, und morgen feyerliches Verlöbniß seyn wird. Ich freue mich in ihre Freude ob ich gleich am meisten dabey verliere. Sie werden wenig Wochen noch hier bleiben, und dann an den Ort ihrer Bestimmung. Leben Sie wohl beste Freundin, grüsen Sie Ihre Lieben und vergessen Sie uns nicht. (Frankfurt) 12. Oct. 1773.
Goethe.

No. 7. Bei Frese No. 9. Als No. 7 auch von S. Hirzel bezeichnet.

Die Verlobung Kornelia Goethe's mit Georg Schlosser, mit dem sie schon seit dem Sommer 1772 versprochen war (Merck Briefe III, S. 38), fand nach alter Patriciersitte erst jetzt, vierzehn Tage vor der Hochzeit Statt. Das Aufgebot erfolgte am 17. October, dem 19. Sonntag nach Trinitatis, die Hochzeit Montag den 1. November. Schlosser hatte den Charakter als Markgräflich Badenscher würklicher Hof- und Regierungsrath. Ort der Bestimmung war Karlsruh, Emmendingen erst seit Sommer 1774.

8.

(Frankfurt, um den 22. Januar 1774.)

Ich bin im Stande Ihnen ein großes Schau=
spiel zu geben, wenn Sie mir den morgenden
Nachmittag schencken wollen, ich bitte um eine
Sylbe Antwort; heut Abend seh ich Sie im
Conzert. Doch ob Sie können; mögte ich gleich
wissen und dann soll morgen Nachtische um ein
Uhr die Kutsche vor Ihrer Thür stehn. Meine
Mutter wird dabei seyn und wir wollen die
Bübgen mit nehmen.

Grüßen Sie die liebe Max

G.

No. 8. Bei Frese No. 11.

Fällt in die Zeit unmittelbar nach der Verheirathung und Uebersiedlung der Maxe nach Frankfurt, und die gleich= zeitige Anwesenheit der Sophie, hier von Haus zu Haus geschrieben.

Das große Schauspiel, wozu Goethe einladet, ist die aus seiner Lebensgeschichte (Buch 16) und aus Bettina's Erzählung (Briefw. m. e. Kinde II, S. 261 flgde.) bekannte Eispartie; davon schrieb Goethe an Betty Jacobi Anfang Februar (J. G. III, No. 4): „vor zehn Tagen ohngefähr waren unsre Damen hinausgefahren, unsren pantomimischen Tanz mitanzusehn. Da haben wir uns prästirt." In Rosalien's Briefen (II, No. 77) schildert Sophie den Vorfall ausführlich und sehr anschaulich: „Wir mußten ein gutes Stück vor die Stadt hinausfahren, bis wir endlich in der Landstraße still hielten und lang an einer Mauer über gefrornen Boden gingen. Am Ende folgten wir einem kleinen Wiesengraben, woran Weiden stehen, und hörten auf einmal Musik und lautes Rufen. Zugleich flogen über zehn Eisläufer gegen uns, die uns dann die Hand boten, über den Graben zu kommen und uns auf den zubereiteten Platz zu der übrigen Gesellschaft zu setzen. — Eine Reihe Bänke mit Tuch belegt und Dielen auf dem Boden, die Füße vor der Kälte zu schützen; ganz kleine Tischchen, immer drei Fuß breit von einander, mit Servietten gedeckt, worauf dann Chokolade, Kaffee, kleine warme Pastetchen, Confekt und fremde Weine, Schinken und Braten gesetzt und angeboten wurde. — Der Schauplatz war auserlesen. Eine, viel Morgen Lands fassende Wiese, auf welche der noch fließende Bach etliche Tage lang ausgetreten war, und dieses, einen halben Schuh tiefe Wasser zu einem festen, glatten Spiegel gefroren; — das ganze Stück auf zwei Seiten mit Weiden besetzt, die dritte, eine weite Aussicht, wo verschiedene Gärten und Lusthäuser stehen, — und oben an der Ecke, die uns am nächsten war, ein Busch Ulmen, hinter denen ein schöner Bauerhof mit seinem neuen Ziegeldach die Scene um so viel einnehmender machte. Der Himmel heiter, nicht der geringste Wind und für Jennertage Sonne genug. — Bei den kühnen Schlittschuhläufern waren die Söhne der angesehensten Familien, junge Engländer, Officiere — und einer der seltensten und vortrefflichsten Köpfe Deutschlands, alle in kurzen Pelzröcken und runden, ihnen recht passenden Kappenhüten". Den zugefrorenen Wiesenplan bildeten, nach gütiger Mittheilnng des Dr. W. Stricker zu Frankfurt a. M., die Röbelheimer Wiesen an der Nibba (Nied), dem Flüßchen, mit dem sich Bettina verglichen sah (Briefw. m. e. Kinde I, S. 255). Der spätere Bürgermeister von Lübeck, Tesdorpf, war mit auf dem Eise (Strodtmann's Bürger No. 144).

Die Bübchen, die Kinder Brentano's erster Ehe (Merck von Goethe an seine Frau den 29. Januar 1774: il joue avec les enfans; Briefe III, No. 34).

9.

(Frankfurt an demselben Tage wie No. 8.)

Wenn Sie wüßten was in mir vorgegangen ist eh ich das Haus mied, Sie würden mich nicht rückzulocken dencken liebe Mama, ich habe in denen schröcklichsten Augenblicken für alle Zukunft gelitten, ich bin ruhig und die Ruhe laßt mir.

Daß ich Sie nicht drinnen sehn würde, was die Leute sagen würden etc.; das hab ich alles überstanden. Und Gott bewahr ihn vor dem einzigen Fall in dem ich die Schwelle betreten würde.

Hier liebe Mama sind Abdrücke nach meinen Zeichnungen. Morgen also holt meine Mutter Sie und die Kleinen. Es wird Sie nicht gereuen.

G.

No. 9. Bei Frese Nr. 10.

Rückäußerung auf Sophie's Beantwortung des vorigen Billets. Sie hatte zugesagt, zugleich ihr Befremden über

Goethe's Schreiben statt seines persönlichen Kommens ausgedrückt, während er doch die Maxe hatte freundschaftlich grüßen lassen. Daturch erklären sich Merck's fernere Worte in dem in voriger Note angeführten Schreiben über Goethe: Mr. Brentano, quoique assez jaloux pour un Italien, l'aime et *veut absolument qu'il fréquente la maison*.

Von den Abbrücken nach Goethe's Zeichnungen ist nichts bekannt.

10.

(Frankfurt Ende Januar 1774.)

Hier schick ich den Herder, die Zeichen bedeuten Druckfehler nichts weiter. Gestern Abend las ich Rosaliens Zusammenkunft mit der armen Hen=riette. Sie ist herrlich rührend aber der Eintritt ist wahrhaftig groß. Wollen Sie mir erlauben zu der Geschichte des braven Buben einige Züge hinzuzusezzen, die Sie neulich in der Kutsche in die Erzählung webten, und auf dem Papier fehlen?

D. l. M. m. h. G.

G.

No. 10. Bei Frese No. 8.

Wie die vorigen beiden Briefe an die zu Frankfurt weilende Freundin gerichtet.

Der „Herder" ist Herder's damals neues Buch: Von deutscher Art und Kunst (1773) mit Goethe's Abhandlung von deutscher Baukunst. Die Druckfehler dieser seiner Schrift — es können nur wenige gewesen sein — hatte er, damals sorgfältiger als später, angemerkt.

Rosalien's Zusammenkunft mit der armen Henriette erschien in der Iris IV, S. 17 flgde (1775) in den Briefen No. 16 bis 18, später in dem Buche selbst Thl. I, S. 108 flgde als No. 19 bis 21, endigend mit dem Tode der Henriette von Essen. Der brave Bube heißt hier v. T., der ehemalige Geliebte der Sterbenden; nach obigen Worten wird Goethe am Schlusse des Briefs No. 20 Antheil haben.

Der Gruß — "der lieben Max meine herzlichen Grüße" — mit Absicht, wie in No. 8, um die Unveränderlichkeit der Freundschaft, grade w e g e n des Fernbleibens, in halb scherzhafter Coquetterie, zu markiren.

11.

(Frankfurt den 30. Januar 1774.)

Hier kommt der alte Reutersmann, und fragt: ob die jungen Ritter ihn mitnehmen wollen, und wollen ihn dem H: Geheimbe Rath vorstellen. Ich hoffe noch Abschied nehmen zu können.

Indessen einen recht freundlichen Grus guten Morgen.

G.

No. 11. Bei Frese S. 158, nicht eingeordnet.

Da Sophie am 31. Januar abreiste und in diesem Billet noch auf Abschiednehmen gerechnet wird, so muß es unmittelbar vorher geschrieben sein. „Reutersmann" nennt Goethe sich selbst, im Stile seines noch neuen Stücks; er ist der Götz, der alte, und die Brentano'schen Buben sind die jungen Ritter. Vergl. An die Fahlmer (J. G. III, No. 3) aus dieser Zeit von sich: „Finaliter brachs, und der Herr Ritter prattelten sich heraus". Der Geheimbe Rath kann nur La Roche bedeuten, inzwischen eingetroffen, um Sophie abzuholen; Merck erwähnt ihn am 29. noch nicht; zu ihm, als dem Vater der neuen Mutter, sollen die Bübchen geschickt werden; Goethe hat davon gehört und wünscht mitzufahren. Die Vorstellung war jedenfalls keine erste.

Goethe schrieb damals an Betty Jacobi (J. G. III, No. 4): „Unsere Mama La Roche hat uns am letzten Januar verlassen, und meine gelassene Freundschaft hat sich wieder belohnt gesehen. Ich fühle, daß ich ihr weit mehr bin, sie mir weit mehr ist als vor zwei Jahren, ja als vorm halben Jahre. So wahr ist's, daß wahre Verbindungen Zeit brauchen".

12.

(Ein Quartblatt, eine Seite.)

(Frankfurt, Mitte Februar 1774.)

Ich dancke Ihnen liebe Mama für die beyden Briefe, sie haben mir die ganze wahre Lage Ihrer Seele ausgedrückt, und ich binn gewiß daß wenn Sie fortfahren, in Ihrem eignen Ton über verwaltende interessante Gegenstände zu schreiben das Ganze eine fürtreffl. Würckung thun muß. Nur müssen Sie mir erlauben daß ich Ihnen über die Verbindung und Stellung der Theile meinen guten Rath ertheile. So ist zum Ex.. die Apotheose Brechters im zweyten Briefe evident zu früh. Der Altar muß erst gebaut, geziert und geweiht seyn eh die Reliquien hineinverwahrt werden, und ich wünschte daß die ganze Stelle erst weiter hinten, wenn der Charackter und der Sinn Rosaliens sich mehr entfaltet haben, eingepflanzt zu sehn, wie ich denn auch mit der süsen Melankolie von verirrter Empfindung die den ersten Brief füllt, das Ganze gewürzt sehn möchte, und Sie bitte wenn es nicht zu sehr ausser der Stimmung ihres (sic) Vorsazes liegt, die ersten Briefe mit ganz simplem Detail wo Gefühl und Geist nur durchscheint zu eröffnen. Hier haben Sie alles was ich zu sagen habe. Das liebe Weibgen hat Ihnen was von einer Arbeit geschrieben die ich angefangen habe seit Sie weg sind, würcklich an= gefangen denn ich hatte nie die Idee aus dem Suiet ein einzelnes Ganze zu machen. Sie sollens haben sobalds fertig ist. Nach Düsseldorf kann und mag ich nicht, Sie wissen daß mirs mit ge= wissen Bekandtschafften geht wie mit gewissen Ländern, ich könnte hundertiahre Reisender seyn ohne Beruf dahin zu fühlen.

G.

No. 12. Bei Frese No. 7.

Die Zeitbestimmung ergiebt sich aus der Arbeit am Werther, wovon Maxe, das liebe Weibchen, der Mutter ge= schrieben. Außer ihr wußte Merck davon, der am 14. Februar

(Briefe III, No. 33) seiner Frau von Goethe meldet: Il se détache de tous ses amis, et n'existe que dans les compositions qu'il prépare; je prévois qu'un *roman*, qui paraîtra de lui à Pâques, sera aussi bien reçu que son drame. A côté de cela il a la petite Mme. Brentano etc. Die schröcklichen Augenblicke oben in No. 9 und was sich daran schloß, gaben Goethe sogleich Stoff zum 2. Theil des Romans, zu dessen Anfang, nach meiner Annahme, er seine aus Wetzlar an Merck 1772 wirklich gerichteten Briefe verwandte, um sie nachher zu vernichten; er hatte sie Merck zu diesem Zwecke abgefordert, weshalb sich dieser so unterrichtet zeigt. Es waren dies *toutes ses lettres* von denen Merck seiner Frau schreibt (III, No. 22, vom August 1772), die sich in Mercks Nachlaß jedoch nicht mehr vorgefunden haben. Mit Grund behauptete Merck daher die Wahrheit der Scenen im Werther (An Nicolai; III, No. 40).

Hinsichtlich der beiden Briefe Rosalien's hat Sophie Goethe's Rath genau befolgt. Wegen Brechter s. Anm. zu No. 2; die Apotheose Brechter's ist vielmehr die Apotheose Henrietten's durch Brechter (Anm. zu No. 10). Wegen Düsseldorf s. die Anm. zu No. 5 über die Jacobi's.

13.

(Frankfurt, März 1774.)

Mit herzlichem Danck Ihre Briefe zurück, Sie wissen daß so was bey mir angewendet ist. Auch hier die andern Dinge: vielleicht wundern Sie sich die Farce gedruckt zu sehn und also — wie jener Mühlstein der vom Himmel fiel — Leben Sie wohl Ihre Lieben hab ich einige Zeit nicht gesehen. Ich hatte mein Herz verwöhnt.

Nein liebe Mama Sie haben meine Hand darauf ich will brav seyn.

G.

Das andre Exemplar Wieland ist für Trosson.

No. 13. Bei Frese No. 12.

Gleichzeitig mit dem Briefe an die Fahlmer, J. G. III, No. 10, wegen Uebersendung der im März zu Kehl durch Lenz zum Druck beförderten Farce „Götter Helden und Wieland".

Die Briefe Rosalien's (vor. Brief) werden zurückgeschickt.

Der Mühlstein, zur Bezeichnung des Unerwarteten, Plötzlichen, wie ähnlich an Betty Jacobi (J. G. III, No. 21): „Grad 'rab vom Himmel gefallen", ist dem, von Goethe auch zu Anfang der Kerkerscene des Faust benutzten Märchen vom Machandelboom entnommen: „Un als se [die böse Stiefmutter] nut de Döhr kähm, bratsch! smeet ehr de Vagel den Mühlensteen up den Kopp, dat se gaß tomatscht wure" (Grimm's Märchen).

Ich will brav sein, d. h. in dem freundschaftlichen Verkehr mit der Maxe.

Trosson, dem Goethe ein Exemplar der erwähnten Farce sendet, war Ingenieur-Hauptmann und Bau-Inspector in kur-trierischen Diensten; mit dem Baumeister Dinar leitete er, unter Hohenfeld und La Roche, in den Jahren 1777 bis 1780 den Coblenzer Schloßbau. Sie stürzten zugleich mit ihren Gönnern (s. Note zu No. 44). Trosson blieb zunächst in Coblenz thätig; als Baumeister erwähnt ihn Dominikus S. 59 und 74; dann trat er in Russische Dienste (Rhein. Antiquarius I, 1. S. 685). Goethe hatte ihn zur Zeit seines ersten Besuchs in Ehrenbreitstein beim Vorzeigen der Risse zum Schloßbau kennen gelernt; Dicht. u. Wahrh. Buch 13: „Man ließ uns die vorschlägigen Risse davon sehen."

14.

(Frankfurt, Ende Mai 1774.)

Sind Sie heute Abend in Dechants Garten zu treffen, Mlle Katanell wird bis dahin wohl weg sein.

Ich muß Sie sehen? Adieu.

La grosse bête.

No. 14. Bei Frese S. 158, nicht eingeordnet.

Der Besuch des Gartens deutet auf die gute Jahreszeit, sonst würde auch der Januar 1774 in Frage kommen — und auf Gleichzeitigkeit mit dem Schreiben an Schönborn vom 8. Juni 1774: „Jetzt sind wir in dem Garten fleißig, säen" u. s. w. Dr. Kellner wollte den Brief aus Ehrenbreitstein datiren: „Hier in Frankfurt sind weder ein Dechants Garten, noch eine Mlle Catanell bekannt." Der Garten des Dechanten Dumeiz, d. h. der Dechanei zu St. Leonard, ist aber durch jenes Schreiben bezeugt, auch an sich wahrscheinlich; von des Dechants Bauen und Tapeziren ist in No. 25 gleichfalls die Rede. Was die Catanell anbetrifft, so mag sie zu den auswärtigen Gästen des Allesina'schen

Festes (s. nächste No.) gehört haben. Wegen der italiänischen Nationalität der Allesina, Brentano, Schweizer (Suaizar aus Verona) ist vermuthlich zu lesen: Cataneo. Sonst könnte man auch an ein Verlesen für Mlle Ravanelle denken, die Darmstädter Hofgouvernante, Mercks Freundin.

Der dießmalige Aufenthalt Sophien's zu Frankfurt fiel in die Zeit von etwa Mitte Mai bis in den Anfang Juni 1774. Wenigstens spricht Jacobi in seinem Briefe an Sophie vom 10. August dieses Jahres (Auserwählter Briefw. No. 58) von einem dreiwöchentlichen Aufenthalte. Unmittelbar nach dem Allesinaschen Feste scheint sie heimgekehrt zu sein.

Als grosse bête (wie grosse pécore bei Molière) erschien sich Goethe in jener italiänischen Kolonie, wie das Jahr darauf als Bär in Lilli's gesellschaftlichem Kreise, der sich mit ersterer berührte.

15.

(Frankfurt, Anfang Juni 1774.)

Liebe Mama. Ich habe des künftigen Merkurs Stellen gelesen, die mich betreffen. Er tracktirt die Sache wie ein braver Kerl, der vest im Sattel sizzt. Ich habe nie was gegen ihn gehabt, und nun verzeih ich ihm auch seine Lästerungen wider meine Götter!

Zu Singlingen der goldenen Hochzeit, da ich ach den Geburtstag Ihrer lieben Max herbeytanzte, hab ich Ihrer viel gedacht. O Mama! es waren viel Lichter da, und Schweyzers Willemine kriegte mich am Arm und fragte: warum zündt man so viel Lichter an? Das war eine Frage einen ganzen Sternhimmel zu beschämen, geschweige eine Illumination. Ich hab mich nach Ihnen umgesehen, hab Ihrer Max den Arm gegeben wenig Augenblicke.

Wenns Ihnen auch nicht ums Herz ist sich zu repandiren, sagen Sie mir doch ein Wort vom Herzen. Sie werden sehn, wie Sie meinem Rad Schwung geben wenn Sie meinen Werther lesen, den fing ich an als Sie weg waren den andern Tag, und an einem fort! fertig ist er.

(Ohne Unterschrift.)

No. 15. Bei Frese desgleichen.

Wegen der am 30. Mai 1774 gefeierten goldnen Hochzeit des Kaufmann Allesina'schen Paares zu Sindlingen bei Höchst, einem Gute ihres Schwiegersohns Schweitzer (s. die Beschreibung der Denkmünze S. 37, Heft VII des Archivs f. Frankfurts Gesch. u. Kunst 1855, mit der falschen Jahreszahl 1773, und Belli=Gontard, Vor mehr als hundert Jahren, S. 148—150, wo irrig April statt Mai 1774 angegeben), ist der Brief in den Anfang Juni 1774 zu setzen. Bei Schlosser findet sich, wie meistens, der Zusatz: Nach Koblenz im Thal; sofern der Angabe wirklich die Einsicht des nach Ehrenbreitstein gerichteten Converts zu Grunde liegt, wäre Sophie als schon dorthin zurückgekehrt zu denken.

Die Stellen des Juniheftes des Merkur betreffen Wieland's „geistreich abschließende" Erklärung über Goethe's gegen ihn gerichtete Farce (Dicht. u. Wahrh. Buch 15 und J. G. III, No. 13 Schluß: „und so bin ich im Tort"). Diese Erklärung besteht sowohl in Wieland's Recension von

Götz von Berlichingen (Bd. 6, S. 321—333) als auch (daſ. S. 251 flgde) in einer kurzen Anzeige der Farce, letztere mit den Worten: „Wir empfehlen dieſe kleine Schrift allen Liebhabern der pasquiniſchen Manier als ein Meiſterſtück von Perſiflage und ſophiſtiſchem Witze". Vergl. Note zum folgenden Brief.

Der Geburtstag der Maxe fiel auf den 31. Mai, wurde daher auf der goldenen Hochzeit „herbeigetanzt".

Die Einfachheit der damaligen Zeit zeigt ſich in Goethe's Abneigung gegen die ihm als unzuläſſiger Luxus erſcheinende helle Beleuchtung der Zimmer. So hebt er hier die „vielen Lichter" hervor, ſo die vielen Lichter am Spieltiſch in dem Liede an Lilli „Warum ziehſt du mich unwiderſtehlich" und in den Briefen aus der Schweiz (Erſte Abth. Zu Anfang des vorletzten Briefs).

Am Schluß bietet Goethe der Freundin den Werther im Manuſcript zum Leſen an; mit Bezug auf No. 10 oben und den Brief an Betty Jacobi (J. G. III, No. 4), wodurch der 31. Januar als Tag der Abreiſe Sophien's feſtſteht, ergiebt ſich der 1. Februar 1774 als der Tag, an welchem Goethe den Werther zu ſchreiben begann. Sophie erhielt nur den erſten Theil zum Leſen, vergl. No. 17, 23 und 27.

16.

(Ein Quartblatt.)

(Frankfurt, Juni 1774.)

Ich habe Ihren Brief geküsst und an mein Herz gedrückt. Es sind meine ein — innige Gefühle. Ja liebe Mama es ist wahr Feuer das leuchtet und wärmt nennt ihr Seegen von Gott, das verzehrt — nennt ihr Fluch! Seegen denn und Fluch! — binn ich euch mehr schuldig als die Natur mir schuldig zu seyn glaubte, leuchtets nicht mir, wärmts nicht — und verzehrt auch — nennen Sie mich bös, und lieben Sie mich.

Un livre croyez moi n'est pas fort dangereux. Das Gute und das Böse, rauscht von den Ohren vorbey die nicht hören. Und ist das böse nicht gut und das gute nicht bös? Hass ich Wielanden, lieb ich ihn? — es ist wahrhafftig all eins — ich nehme Anteil an ihm —

(Ohne Unterschrift.)

No. 16. Bei Frese fehlend.

Entgegnung auf Sophien's Aeußerungen über die Art, wie Wieland im Juniheft des Merkur (f. Note zum vor. Briefe) mit Goethe verfahren, daher gleichfalls in den Juni 1774 zu setzen.

Goethe fühlte sich durch diese Aeußerungen sehr beruhigt. Seine Worte knüpfen an die Wielandischen an: „Jener das leuchtet" u. f. w., an Wieland's Worte (S. 323 a. a. O.) „Genie, Wissenschaft, gutes Herz! Dies ist just als ob jemand Feuer im Busen trüge": die, den Schüler Spinoza's kennzeichnenden Stellen über die Relativität von Gut und Böse, an Wieland's Schlußworte (S. 333) von dem Manne, dessen Philosophie auf den Grundsatz das Böse sei gut und das Gute böse, das Schöne häßlich und das Häßliche schön — gebaut sei, endlich die Stelle: „Haß' ich Wielanden, lieb' ich ihn" an dessen Worte im Eingange der Götz-Recension von Goethe, als einem bösen Menschen mit der Parenthese „gesetzt auch, daß einer, der uns nicht liebt, darum gleich ein böser Mensch sein müsse."

Der französische Alexandriner, den ich im Molière und sonst vergebens gesucht, könnte als Motto von Goethe's erster poetischer Epistel an Schiller über das Lesen (Horen 1795) dienen.

17.

(Ein Quartblatt.)

(Frankfurt, Mitte Juni 1774.)

Liebe Mama ich begreiffe die Menschen nicht, ich muss mich noch so offt über sie wundern, und daran spür ich dass ich iung binn.

Sonst wenn ich von einem grosen Geiste hörte, so gab meine Einbildungskrafft dem Mann eine Stärcke, eine hohe Vorstellungsart, und übrige Apertinenzien, und nun wie ich sie kennen lerne die Herrn, ists mit ihnen nicht besser, als einem eingeschränkten Mädgen deren Seele überall an= stöst, und deren Eitelkeit mit einem Winckgen zu beleidigen ist. Ich dachte Wieland sollte sich so albern nicht gebärden. Denn was ist an der ganzen Sache? Ich hab ihm ein Gartenhäusgen seines papiernen Ruhms abgebrannbt, ihm ein wächsern Desert Parterrgen verheert, kommt er darüber aufer sich, was wird er erst gegen das Schicksaal toben, das mit unerhörter Impertinenz den Seschianischen Pallast, mit soviel Kunstwerken und Kostbarkeiten, die Arbeit sovieler Hundert Menschenseelen, in Vier und zwanzig Stunden in die Asche legt.

Meinen Werther musst ich eilend zum Drucke schicken, auch dacht ich nicht dass Sie in der | Lage 2. S. seyen, meiner Empfindung, Immagination, und Grillen zu folgen.

Meine Schwester trägt gegenwärtig die Unbequemlichkeiten guter Hoffnung, ich habe wohl in zwey Monaten keinen Brief von ihr.

Die liebe Max seh ich selten, doch wenn sie mir begegnet ists immer eine Erscheinung vom Himmel.

Meine Mutter grüsst sie (sic) herzlich.

Wann werden Sie kommen, und sich wieder überzeugen dass Sie wohl bessere Söhne und Freunde haben, treuer aber keinen als

Ihren

Goethe.

No. 17. Bei Frese No. 13.

Die Nachricht über den Druck des Werther ist entscheidend für die Datirung des Briefs, der sich danach denjenigen an G. Kestner und an Boie vom 16. und 22. Juni 1774 (J. G. III, No. 18 u. 19) anschließt. Dazu die Nachricht über die gute Hoffnung der Schwester, ganz wie in dem Schreiben an Schönborn vom 8. Juni (das. S. 23). Das erste Kind der Frau Schlosser ward am 28. Oktober dieses Jahres geboren.

Der Brief zeigt, daß Sophie den Roman zu lesen angefangen und den Schluß von Goethe verlangt hatte, sowie, daß ihr abermaliger Besuch (s. No. 18) schon angekündigt war.

Der von den letzten beiden Briefen so abweichende Ton des obigen über Wieland wird durch Privatmittheilungen, die anders lauteten als Wieland's öffentliche Erklärungen, hervorgerufen sein. Hier als Rückschlag der Wieland in früher Jugend namentlich in Leipzig gezollten Bewunderung, die Palinodie des Worts im Götz: Es ist eine Wollust einen großen Mann zu sehn, das zwölf Jahre später Moritz in Rom auf den Dichter selbst anwenden sollte. Das wächserne Dessert-Parterre, ein für den Nachtisch bestimmter Tafelaufsatz von künstlichen Blumen, Wachsblumen, geht auf Wieland's Alceste, als Imitation, der Seschianische Palast auf Wieland's goldnen Spiegel „oder die Königin von Scheschian" (s. Note zu No. 2), das zerstörende Schicksal auf das Lissaboner Erdbeben von 1755.

18.

(Frankfurt, Mitte Juni 1774.)

Ich wollte Ihnen eben schreiben liebe Mama, und unter Bedingungen zusagen Sie zu holen, da krieg ich einen Brief von Lavater, der wird kommen, und ich hab schon lang ihm versprochen ihm entgegen zu gehn, das werd ich also thun.

Und so kommts (wenn Sie unterdeß keine andre Einrichtung treffen) auf die Zeit an da die Kutsche von hier ab soll. Kann ich in Rücksicht des Obigen dann; so komm ich gewiß, kann ich nicht so seh ich Sie hier! wo Sie wollen — — Einen einzigen Platz ausgenommen. Ich binn immer der Ihrige

Goethe.

No. 18. Bei Frese No. 16.

Das Datum ergiebt sich aus der Lavater betreffenden Nachricht. Schon im Mai waren die Frankfurter von seinem Kommen unterrichtet. Als der „einzige Platz" ist, mit Frese, das Brentano'sche Haus anzunehmen.

19.

Den 20ten wird seyn künftigen Montag, ist Lavater hier, ich hab eine ganz neue Freude in der Erwartung des Menschen. Er geht in ein Bad. Ich hätte freylich gewünscht, daß Sie ihn wenigstens berührt hätten, doch vielleicht macht sichs noch. In der Welt ists würcklich nicht so schlimm, es ist nur anders als wir's uns vorstellen. Glauben Sie mir daß das Opfer das ich Ihrer Max mache sie nicht mehr zu sehn, werther ist als die Assiduität des feurigsten Liebhabers, daß es im Grunde doch Assiduität ist. Ich will gar nicht anrechnen was es mich gekostet hat, denn es ist ein Capital von dem wir Beyde Interessen ziehen. Behalten Sie mir Ihr Herz offen.

Merck ist wieder da mit Sack und Pack, das ist: mit Weib und Kindern, noch hab ich nichts von ihm gehört.

Von der Messe hab ich drei Meisterstücke Herders älteste Urkunde des Menschengeschlechts, Klopstocks gelehrte Republ. und eines Ungenannten Laidion.

(Frankfurt) am 16 Juni
(17) 74.   Goethe.

No. 19. Bei Frese No. 17.

Lavater ward unterwegs aufgehalten, so daß er, Goethe's Brief an Boie vom 22. Juni zufolge (J. G. III, No. 19), erst am 23. in Frankfurt eintraf. Merck war aus der französischen Schweiz, der Heimath seiner Frau, wohin er sich nach dem Tode der Landgräfin Karoline von Darmstadt begeben, zurückgekehrt.

Von denselben drei neuen Meßsachen berichtete Goethe seinem Freunde Schönborn (J. G. III, No. 17); am Schlusse jenes Schreibens, den 4. Juli, nennt er bereits Heinse als Verfasser der Laidion.

20.

Mir ist mehr als einmal durch den Kopf gefahren daſs es ſo ſeyn muſs: hier am Hofe ehrt man liebt man Sie, und wo nicht? als nur da wo Sie angebetet werden ſollten. Doch wie iſts worden? Ich hab die liebe Kleine bey der Deſter geſehn. Adieu Mama. Kommen Sie hierher! Lavater predigt auf den Sonntag hier. Empfehlen Sie mich Fr. v. Stein.

Neuwied am 19. Juli 1774.

Goethe.

No. 20. Bei Freſe No. 18.

Zwiſchen dem vorigen und dieſem Briefe liegt der Aufenthalt Lavater's bei Goethe vom 23. zum 28. Juni, ihre gemeinſchaftliche Fahrt nach Ems, Goethe's Rückkehr nach Frankfurt, das Eintreffen Baſedow's dort in der erſten Juliwoche, deſſen Reiſe nach Ems, Goethe's zweite Emſer Fahrt am 14. Juli, der gemeinſchaftliche Aufenthalt der drei Männer dort vom 14. bis zum 18. dieſes Monats und ihre gemeinschaftliche Fahrt auf der Lahn und dem Rhein am 18. von Ems bis Neuwied. Außerdem fiel dazwischen, etwa am 16. der durch Sophie vermittelte Besuch der Männer in dem Stein'schen Hause zu Nassau, dessen Goethe in Dichtung und Wahrheit (Buch 14) gedenkt. Denselben hat auch Sophie in „Rosalien's Briefen" (II, No. 80) anschaulich geschildert. Ein Zeichen der neuen Bekanntschaft ist der Gruß an Frau v. Stein in obigem Briefe, der nach Nassau gerichtet zu sein scheint. Wäre Sophie schon nach Ehrenbreitstein zurückgekehrt gewesen, so würde Goethe mit seinen prophetischen Freunden nicht bei ihrer Wohnung, wie Lavater's Tagebuch ergiebt, vorbeigefahren sein, und seinen Besuch nicht in Vallendar — wohin er nach jenem Tagebuch zu Fuße vorausging — bei der Familie Dester, wo er die Maxe „die liebe Kleine" antraf, sondern in Ehrenbreitstein abgestattet haben.

Am Hofe, d. h. dem des Grafen Alexander von Wied, eines als thätig, freigebig und wohlwollend geschilderten kleinen Dynasten (Rhein. Antiq. III, 3, S. 153—647, besonders S. 430 flgde). An diesem Hofe waren die drei Reisenden noch am 18. Abends empfangen worden (Lavater's Tageb.); Goethe's Billet enthält die Eindrücke dieses Abends. Angebetet, meint Goethe, müsse Sophie von ihren Nächsten werden.

Lavater predigte in Neuwied am Sonntag dem 24. Juli. Die Predigt über Johannes 6, 68: „Herr, zu wem sollen wir gehen, du hast Worte des ewigen Lebens," erschien im Drucke.

Für Goethe war dies eine poetisch sehr reiche Zeit. Gedichte aller Art entströmten ihm täglich. Daneben schrieb er an Erwin und Elmire und bereitete die Ausgabe des Jahrmarktsfests von Plundersweilern vor. Das mit dem letztern

verbundene kleine Stück, Künstlers Erdewallen, hat im
Original am Schlusse das Datum: „Am 17. Juli 1774.
Ems. Goethe". Kurz vorher am 4. Juli hatte er dem Briefe
an Schönborn den Prolog zu dem Jahrmarktsfest in Ab=
schrift beigelegt, der damals eben entstanden war. Auf der
Rheinfahrt nun mit Lavater und Basedow begann er als
Fortsetzung von Künstler's Erdewallen den nachstehend unter
No. 20a eingerückten Dialog. Derselbe ist ganz unbekannt
und bisher ungedruckt. Die Abschrift ist i. J. 1842 nach
dem Originale gemacht; ich verdanke sie der Güte des Frhrn.
W. v. Maltzahn.

20a.

Des Künstlers Vergötterung.

Drama.

Stellt eine Gemälde-Gallerie vor, wo unter andern das Bild der Venus Urania in einem breiten goldenen Rahmen, wohl gefirnißt, aufgehängt ist. Ein junger Maler sitzt davor und zeichnet. Der Meister mit Andern steht hinter dem Stuhle. Der Jünger steht auf.

Jünger.

Hier leg' ich, theurer Meister, meinen Pinsel nieder.
Nimmer, nimmer wag' ich es wieder,
Diese Fülle, dieses unendliche Leben
Mit dürftigen Strichen wieder zu geben.
Ich stehe beschämt, Widerwillens voll
Wie vor einer Last ein Mann
Die er tragen soll
Und nicht heben kann.

Meister.

Heil deinem Gefühl, Jüngling! ich weihe dich ein
Vor diesem heiligen Bilde! Du wirst Meister seyn.
Das starke Gefühl, wie größer dieser ist,
Zeigt, daß dein Geist seinesgleichen ist.

Jünger.

Ganz, heil'ger Genius, versink' ich vor dir.

Meister.

Und der Mann war ein Mensch wie wir.
Und an der Menschheit zugetheilten Plagen
Hatte er weit schwerer als wir zu tragen.

Jünger.

O, warum sah ich sein Angesicht,
Hört' seiner Lippe Rede nicht.
Du, Glücklicher, kanntest ihn.

Meister.

              Ja, mein Sohn.
Ich war noch jung, er nahte schon
Dem Grabe. Ich werd' ihn nie vergessen.

Wie oft hab' ich zitternd vor ihm da gesessen,
Voll von heißem Verlangen
Jedes Wort von seinen Lippen zu fangen
Und, wenn er schwieg, an seinem Auge gehangen.

Auf dem Wasser den 18. July.
Gegen Neuwied. 1774.

Goethe.

No. 20 a.

„Des Künstlers Vergötterung" unterdrückte Goethe bei Herausgabe von Künstler's Erdewallen im Puppenspiel 1774. Als ein völlig neues Stück erschien erst 1789 in Verbindung mit jenem kleinen Drama: Künstlers Apotheose. Daß diesem ein älterer Entwurf zu Grunde gelegen, oder wenigstens die Absicht, des Künstlers Apotheose seinem Erdewallen folgen zu lassen, von Anfang an bestanden hatte, war bisher nicht bekannt. Das Scenarium zu Anfang beider Stücke zeigt ihren Zusammenhang; in beiden wird die Apotheose durch die Bewunderung dargestellt, welche das von dem Meister hinterlassene Bild der Venus Urania hervorruft. Die Ausführung selbst ist freilich ganz verschieden.

21.

(Ems, den 31. Juli 1774.)

Dienstag werden wir kommen bei Ihnen zu Mittag essen, um mit wahrer Freude zusammen zu seyn, so viel die Welt giebt. Mein Sinn hat sich noch nicht ganz erholt, da vier Knaben gestern Nacht ertranken und keiner gerettet wurde. Nur in solchen Augenblicken fühlt der Mensch wie wenig er ist, und mit heißem Atmen und Schweiß und Thränen nichts würckt. Adieu Mama schicken Sie mir doch einige Flaschen Weins, oder vielmehr ich will sie mitnehmen wenn ich komme, hier vergiften sie mich mit Getränk.

G.

No. 21. Bei Frese No. 19.

Das Datum des Billets läßt sich aus dem des mitgetheilten Unglücksfalls genau feststellen. Der Dienstag, zu welchem Goethe mit Basedow sich bei Sophie einlädt, fiel

auf den 2. August. Am 27. Juli hatte Lavater, sogleich nach
der Rückkehr von der Rheinreise, Ems verlassen. Alle Drei
waren am 25. oder 26. Juli — vermuthlich die Zeit vom
24. an, an welchem Tage Lavater in Neuwied gepredigt —
in Coblenz und Ehrenbreitstein vereinigt gewesen. In diese
Zeit fällt ihre gleichzeitige Anwesenheit im La Rochischen
Hause, welche Sophie ihrer Freundin Julie Bondeli beschrieben
hat (S. 368 des Bodemann'schen Buchs über die Letztere).
Eine Notiz über den Vorfall nun, von dem Goethe sich in
obigem Billet so heftig erschüttert zeigt, ermittelte ich in den
Dillenburgischen Intelligenz-Nachrichten vom 6. August 1774
(Stück. XXXII, S. 527); dort lautet eine „Unglücksfall"
überschriebne Anzeige: „Am 30. Juli sind zu Bad-Embs
vier Knaben, welche Krebsen wollten, in der Lahn ertrunken.
Nachdem sie drey viertel Stund unterm Wasser gewesen, so
wurden sie herausgezogen, aber der angewandten Mittel un-
geachtet, nicht wieder zu recht gebracht". Daß Goethe an
den Wiederbelebungsversuchen sich lebhaft betheiligt, ergeben
seine Worte. Deute ich den Zusammenhang richtig, so ist in
diesem Ereigniß der Keim zu der Geschichte entdeckt, welche
Goethe nach einem halben Jahrhunderte im Elften Kapitel,
Buch II, seiner Wanderjahre erzählt. Dort sind fünf Knaben
beim Krebsen im Flusse ertrunken; es wird beschrieben, wie
die Leichen in langem Zuge hereingetragen, dann im Ge-
meindehause niedergelegt und Versuche angestellt werden, sie
in's Leben zurückzurufen. Wilhelm Meister, der einen Freund
unter den Ertrunkenen verloren, überschwemmt die Leiche mit
seinen Thränen, er versucht es mit Reiben, mit Einblasen
seines Athems. Genug, es werden die Eindrücke geschildert,
welche ihn der Chirurgie als seinem Lebensberufe zuführen.
„Heißem Athmen" oben ist meine Conjektur für „heißen

Armen" bei Frese. Jedenfalls schöpfte Goethe bei Erzählung jener Geschichte aus seinem eignen Leben: denn die Uebereinstimmung kann nicht auf Zufall beruhn.

„So viel die Welt giebt", nach Evangel. Johannis 14, 27: „nicht geb' ich euch, wie die Welt giebt."

„Mitnehmen" will Goethe den bessern Wein von Ehrenbreitstein, bei der Rückreise, einen Wein, dem Basedow, nach seinem Grundsatz Ergo bibamus, etwas zu viel Ehre anthat (Sophien's Schreiben an Julie Bondeli).

22.

(Ehrenbreitstein, Anfang August 1774.)

Hier Mama ist die Grabschrifft, mich würde unendlich freuen wenn sie Prinzessin ... wählte. Schicken Sie sie doch bald der Fr. v. Bretlach. Kommen Sie mir bald nach. Küssen Sie den leidenden Engel von mir. Und so geh ich zur Lulu.

G.

No. 22. Bei Freje S. 159, nicht eingeordnet.

Dem ganzen Habitus nach ein Billet in demselben Orte von einem Hause in ein andres gesandt. Die darin erwähnten Persönlichkeiten weisen auf Ehrenbreitstein; es ist anzunehmen, daß Goethe dort vom 2. August an (s. vorigen Brief) ein paar Tage verblieb.

Prinzessin ist die Prinzessin Kunigunde von Sachsen (L. Assing S. 181), die fast gleichaltrige Schwester des damaligen Kurfürsten von Trier, Klemens Wenzel, bei dem sie sich von 1769 bis zu ihrer Berufung als Aebtissin von Essen im Jahre 1776, aufhielt. Sie theilte seine Musikliebhaberei und verschönte seine Häuslichkeit nach allen Richtungen (Dominikus S. 128). Sophie erwähnt sie in den Briefen an Merck (I, S. 31) als „unsre Prinzessin" und in Rosalien's Briefen (II, No. 92. S. 459) nebst ihrer „Obristhofmeisterin" v. Falckenstein und (S. 460) ihrer Hofdame von Naundorf, ebenso Wieland in den Briefen an Sophie (S. 155 vom 15. Mai 1772).

Frau von Bretlach, eine in Coblenz sich aufhaltende Generals-Wittwe, nach Dr. Kellner. Von ihr (Mme de Pretlac) schreibt Sophie am 18. Mai 1772 an Merck (Briefe I, S. 34). Vermuthlich war ihr verstorbener Gemahl derselbe, der im siebenjährigen Kriege die „Kavallerie-Schwadron Bretlach" kommandirt hatte, welche in der traurigen Geschichte des Trier'schen Contingents der Reichsarmee genannt wird (Trier'scher Schlachtbericht, Erfurt den 7. Nov. 1757, Preuß. Jahrb. 1878. S. 3).

Der leidende Engel, Sophie's jüngster Sohn Franz, der früh verstarb (vergl. in ihrem Briefe an Julie Bondeli: l'exstase de Lavater sur la beanté de mon fils cadet). Lulu, ihre Tochter Louise.

Die Grabschrift weiß ich nicht zu erklären. Möglich, daß sie den Emser Unglücksfall betraf, für den Goethe's lebhafte Erzählung Interesse in jenem Hofkreise erweckt haben mochte. In den Dillenburger Nachrichten verlautet nichts von einer Gedenktafel an die Ertrunkenen, deren Grabstätte ich in Ems nicht zu ermitteln vermochte.

23.

(Frankfurt um den 20. August 1774.)

Hier Mama das versprochene, ist es so recht? Mit der fahrenden schick ich mehr, vergüldt aufm Schnitt, dabey des lieben Mädgens Briefe, das ein fürtreffl. Mädgen ist, dabei Zeitungen von H. Deinet. Wollen Sie mir dann schreiben, was ich Ihnen soll für den Ter. was Sie ausgelegt haben für mich? so will ichs mit denen 2 Carolin an Dumeix geben oder wohin Sie wollen. Mit der Olnekt (?) Sill (?) will ich dann warten aber nicht lang. Hat Hohenf. einen Clavigo?

Groschl. mögt ich gar gerne sehen wenns halb= weg mit Manier geschehen kann.

D'abord que Wieland est *curieux* de savoir ce que je *ferois* de lui, si le hasard me l'amenoit — il est perdu — vous m'entendés bien.

Sobald ein Werther kommt, soll er bey Ihnen seyn, hier ist auch wieder das Testament das nicht Christi ist.

(Ohne Unterschrift.)

No. 23. Bei Frese No. 14.

Der erste Brief nach der Heimkehr (13. August). Wegen der Verbindung mit dem folgenden und der Ankündigung des Werther etwa auf den 20. August zu setzen.

Das Versprochene, ein versprochnes Gelegenheitsgedicht, wohl ohne Zusammenhang mit der Grabschrift des vorigen Briefs; wenigstens äußerlich erscheint es nicht als Trauergedicht. Es gehört zu den völlig verschollenen Goethischen Gedichten. Da es aber in mehreren Exemplaren gedruckt gewesen ist, so könnte ein glücklicher Zufall zur Wiederauffindung führen. Zugleich sandte Goethe einige der ihm zur Durchsicht mitgegebenen Briefe Rosalien's und neue Nummern der Frankfurter gelehrten Anzeigen.

Den Ter (Tee bei Frese; vielleicht Ten.) beziehe ich auf einen Terburg oder einen Teniers, welchen Goethe von Zick in Coblenz erworben hatte. Daß er sich damals von Sophie zum Ankauf von Thee Geld erborgt hätte, ist undenkbar. Auch in No. 28 folgt die Erwähnung Zicks dem Schuldenbekenntnisse.

Die nicht entzifferten Worte Anecht Sill werden zwei Namen der Firma der in No. 29 erwähnten Coblenzer Porzellanfabrik enthalten. Hätte Goethe geschrieben: mit dem andern Soll will ich dann warten, so würden die Worte wohl zu lesen gewesen sein. Ich vermuthe daher unbekannte Namen.

Wegen Groschlag s. die Einleitung.

Die französische Stelle erklärt sich als Entgegnung auf eine von Sophie mitgetheilte Aeußerung ihres Freundes Wieland. Schon in seiner Besprechung des Götz im Merkur (Bd. 6, S. 323 vom Juni 1774) hatte Wieland gesagt: „Und so wie ich mich kenne, bin ich gewiß, daß wir [er und Goethe] am Ende noch sehr gute Freunde werden müssen," und im März des nächsten Jahres an Sophie geschrieben (Briefe S. 175): „seine [Goethe's] Freundschaft würde mich glücklich machen." Goethe's Französisch oben zeigt die frühere Schreibweise; d'abord für aussitôt-que, dès-que findet sich noch bei Molière (z. B. I, 138 sagt Mascarille: *d'abord* qu'on les approche, ils se mettent sur leur garde).

Das Testament, das nicht Christi ist, Herder's älteste Urkunde (s. Nr. 19). Aehnlich Goethe später an Herder von einer Mendelsjohn'schen Schrift (Nr. 46, vom 20. Februar 1786): „Das jüdische neuste Testament."

24.

(Ein Quartblatt.)

(Frankfurt, 24. und 28. August 1774.)

Was ist liebe Mama, was ist das Herz des Menschen? sind der würcklichen Uebel nicht genug? Muß es sich auch noch aus sich selbst phantastische schaffen! doch was klag ich! Die Unruhe u. Ungewißheit sind unser Theil und lassen Sie uns die tragen mit Muth, wie ein braver Sohn der die Schulden seines Vaters übernommen hat. Unsre Briefe haben sich gekreuzt. Hier ist Reichens Brief wieder. Mein voriger Brief antwortet auf das übrige. Nur mit dem Dechant hab ich nicht gesprochen, mag auch nicht mit ihm von der Max reden. Warum sie hinab will? — Sie sagte mir gestern: „es seye eine Idee von Brentano. Sie „mögten nur ia dazu sagen, vielleicht wendete er „wieder seinen Sinn" — Und dann Mama es geht in solchen Fällen wie in der Kranckheit, in das Bett, aus dem Bett, und wieder hinein, man hofft, und verbessert seinen Zustand wenigstens den Augenblick der Veränderung. Der Brief an Kalckhoff ist gleich wie Sie ihn schickten, fort.

So weit schrieb ich den 24. Heut d. 28ten 2. S. schick ich Ihnen beyde Briefe zurück. Danck vielen Danck. O lassen Sie mich immer was von meinem Nachbaar Gorgias hören. Sie sollen auch dafür was hören mit der Zeit. Adieu.

Grüßen Sie Hr. v. Hohenfeld herzlich. Schreiben Sie mir wann und was Sie das Herz heißt.

Adieu G.

No. 24. Bei Freje No. 22.

Der Notiz auf der Schlosser'schen Abschrift, nicht auf dem Originale: „Nach Max Heurath und nachdem er in Coblenz gewesen," entspricht der Inhalt vollständig. Es wird darin der Brief Sophien's an Kalckhof erwähnt, mit dem sie, wie No. 25. erkennen läßt, ihren interessanten Freund dem Minister Groschlag empfohlen hatte. Der Erfolg wird in No. 27 dankend berichtet.

No. 23 wäre hiernach der Brief, mit den sich Sophien's Schreiben gekreuzt hätte.

Die Korrespondenz mit dem Goethe'n persönlich von Leipzig her bekannten Buchhändler Reich, dem Verleger sowohl der Sternheim als der Lavater'schen Physiognomik, wird auch in No. 32 vom 22. December d. J. berührt.

Die beabsichtigte Reise Maxen's nach Ehrenbreitstein kam nach No. 27. erst in einigen Wochen zur Ausführung.

Der obige Brief setzt die Kenntniß des Septemberhefts des Merkur, als schon im August ausgegeben, voraus. Denn dies Heft (Bd. 7, S. 295—337) enthält eine der witzigen Erzählungen Wieland's: „Stilpon oder über die Wahl eines Oberzunftmeisters von Megara", auf welche Goethe's Ausdruck „Nachbar Gorgias" hinweist. Gorgias heißt der kluge Megarenser, der zum Oberzunftmeister gewählt wird. Diese Hauptperson der Geschichte identificirt Goethe mit Wieland, dem alten Freunde und ständigen Korrespondenten Sophiens; sie hat Goethe'n zwei von dessen Briefen mitgetheilt, die er zurücksendet, nachdem er ihren Inhalt in No. 23 und auch wohl in No. 17 oben berührt. Ist Wieland der Gorgias, so ist Goethe selbst als dessen Mitbürger und „Nachbar", der Philosoph Stilpon; Gorgias befehdet und vertreibt den Stilpon, auf Grund eines „gegen Müßiggänger, Sterngucker, Marktschreier und Leute, die mit Murmelthieren im Lande herumziehn", gerichteten alten Gesetzes. Mit dem Sophisten Gorgias, den Wieland im Agathon und sonst oft erwähnt, hat obiger Name nichts gemein, so wenig als mit dem „Gorgias, der Edomiter Hauptmann" der Bibel (1. Maccabäer 12, 32). Der Zusammenhang der Aeußerung mit dem Merkur ist so klar, daß eine andre persönliche Beziehung nicht in Frage kommen kann, obschon grade Stellen, wie diese, wegen des Fehlens der Briefe Sophiens sich nicht völlig aufklären lassen.

Mit dem, was Goethe als Erwiderung anbietet, möchte

im Hinblick auf den erregten Briefanfang seine Herzensge=
schichte mit der Münch gemeint sein (s. No. 26. u. 29). Doch
läßt die Stelle sich auch auf das nahe Erscheinen des Werther
beziehn. Was hier von den phantastischen Uebeln neben den
wirklichen geklagt wird, könnte wörtlich in jenem Romane
stehn (vergl. I, Brief vom 1. Julius).

25.

(Frankfurt) d 15 Sept. (1774)

Heut gehn ab liebe Mama, die freimüthigen Briefe, sie sind recht brav geschrieben, hier und da macht er übertriebene Prätensionen, wie alle Zuschauer die den Buckel nicht selbst dran zu strecken haben. Kalckhof hat mir einen sehr artigen Brief geschrieben und mich im Namen Ihrer Exc. nach Dieb. geladen. Groschl. war gestern hier hab aber nicht an ihn kommen können.

Die Zeit hab ich mit der lieben Max zwey= mal lange geredt. Sie ist wohl und schickt sich mit viel Fassung in die Umstände.

Daß meine Verse recht sind freut mich. Ob man versteht oder Theil daran nimt, davon ist die Rede nicht, ein Blättgen Papier schwarz auf weiß vergüldt aufm Schnitt das thuts, doch ist mir H. v. H. Antheil sehr werth.

Grüßen Sie mir Liseln und meine Kleinen, die Trossen sollen sich meiner erinnern die Dester auch.

Der Dechant baut, tapeziert.

Meine Schwester ist noch in Emedingen.

Herder hat einen Buben.

Dester und die Gretel hab einmal gesehn.

Merck ist vergnügt und ich geschäftig ohne fleißig zu seyn, bringe doch aber was vor mich.

Addio

G.

No. 25. Bei Frese No. 37.

Das vorhandne Datum des 15. September ist durch die Jahrszahl 1774 zu vervollständigen, welche sich aus mehreren im Briefe erwähnten Umständen, der ersten Schwangerschaft der Maxe, deren erstes Kind im folgenden März geboren wurde, der am 28. August 1774 zu Bückeburg erfolgten Geburt von Herder's ältestem Sohne u. s. w. mit Sicherheit ergiebt.

Die freimüthigen Briefe sind nicht, wie man glauben könnte, La Roche's Mönchsbriefe, von Goethe in Dichtung und Wahrheit (Buch 13) erwähnt, und von ihm, seinem Tagebuche zufolge, unmittelbar nach La Roche's Sturz als trierischer Kanzler erst im October 1780 gelesen, sondern des Heidelberger Pfarrer's Mieg „Vertraute Briefe des Grafen v. V. ** über den Zustand der Wissenschaften in Wien 1774." Wieland gedenkt in dem Schreiben an Gebler zu Wien vom 21. October 1774 (Auswahl denkw. Br. II, S. 36): „des Prahlers Mieg freimüthiger Briefe." „Mieg schreibt Wieland, begegnet Euer Hochwohlgeboren ungefähr wie Wittenberg [der Hamburger Licentiat, Widersacher auch Goethe's und Bürger's] mir. Man muß den armen Schelmen ihren Spaß lassen und seinen Weg fortgehn" (Deutsches Mus. v. Schlegel, Bd. III, S. 447, Wien 1813). Lavater schildert Mieg in seinem tagebuchartigen Schreiben an Goethe vom 10. August 1782 aus Heidelberg mit Bezug auf jene Briefe als den „erzfreien, erzfeinen, erzdienstfertigen".

Kalkhof scheint Privatsekretär des damals schon als kur-mainzischer Minister entlassenen Groschlag gewesen zu sein. Zu den mainzer Beamten damaliger Zeit gehörte er nicht, wie die Staatskalender des ehemaligen Kurstaats ergeben, noch war er Amtmann oder dergleichen zu Dieburg. Er gehörte einer Mainzer Familie an, und heute noch haben Mainzer Fabrikfirmen dieses Namens einen guten Klang. Von Mainz her war er Sophie bekannt.

Die Verse sind das Gelegenheitspoem des vorigen Briefs, welches Höhenfeld's Beifall erlangt hatte.

Das Schwarz auf Weiß leitet durch Ideenassociation auf die Verse im Faust: „denn was man Schwarz auf Weiß besitzt" u. s. w. Die Schülerscene mag grade damals entstanden sein; die Schlußworte: „ich bringe doch aber etwas vor mich" deuten auf solche Arbeit, da jenes Stück schon im nächsten Monat Freunden vorgezeigt werden konnte; Boie'n erschien es schon als beinahe fertig.

Die Gegrüßten sind Louise, die Tochter, die jüngern beiden Söhne Sophien's, der Bauinspektor Trossou und Frau, sowie Frau Dester; deren Mann und Gretel waren, gleich Groschlag, durch die Messe nach Frankfurt geführt.

26.

(Ein Quartbogen, wovon eine Seite
mit sehr flüchtiger Schrift.)

(Frankfurt den 15. September 1774.)

Liebste Mama.

Die Max sah ich gestern in der Comödie, sie ist nicht mit mir zufrieden! Lieber Gott bin ichs doch selbst nicht. Sie hat Kopfweh! — Läßt Sie bitten ihr Rath zu geben, und im Briefe Bewegung zu rathen, die arme Puppe stickt so zu Hause.

Sie fragten nach Lenz! — Es thut mir leid für Wieland dass er den sich aufgereizt, und auf eine abgeschmackte Weise aufgereizt hat, da ich ruhig bin. Es ist ein unglücklicher Man von der Seite, ich hab meine Freunde gebeten mir seinen Nahmen nicht mehr zu nennen. Lenz versöhnt sich ihm nicht, und Lenz ist ein gefährlicher Feind

für ihn, er hat mehr Genie als Wieland, obgleich
weniger Ton und Einfluss, und doch — — Ja
liebe Mama, ich muss die Welt lassen wie sie ist,
und dem heiligen Sebastian gleich, an meinen
Baum gebunden, die Pfeile in den Nerven Gott
loben und preisen. Halleluiah Amen. d 15. S.

G.

(Adresse:)

Herrn
    Geheimderath von la Roche
        nach
      Coblenz
      im Thal.

(Siegel mit G.)

No. 26. Bei Frese No. 20.

Das Datum 15. S. läßt sich nicht anders deuten als:
15. September 1774. Wegen No. 25 muß jedoch in diesen
Daten ein Irrthum stecken, der jetzt nicht aufgeklärt werden
kann. Andrerseits verbindet sich, was hier von der Maxe
berichtet wird, bequem mit ihrem in No. 24 angedeuteten
Zustande und der aus dem nächsten Briefe zu ersehenden
Reise zur Mutter.

Die Wieland-Lenzische Fehde, wenn man sie so nennen

will, begann damals mit den im Septemberheft des Merkur (Bd. 7, S. 355 bis 358) erscheinenden Besprechungen der Lustspiele nach dem Plautus und des Hofmeisters. Letztere war besonders ungünstig, aber keineswegs ungerecht.

Die Erinnerung an den heiligen Sebastian hier ist Nachklang der Rheinreise. In der Düsseldorfer Galerie hatte Goethe das die Marter dieses Heiligen darstellende Bild von van Dyk gesehn. Davon schreibt Forster sechzehn Jahre später: „das Schönste, was ich hier von van Dyks bemerke, ist sein lieblicher Sebastian. — Eben bindet man ihn fest an den Baum, wo ihn die Pfeile seiner Widersacher treffen sollen" (Ansichten vom Niederrhein 1791, I, S. 194). Der heilige Sebastian von Paolo Veronese begeisterte später Platen zu einem Sonette.

Die Welt lassen, biblische Anspielung. Das Hallelujah, Amen, wie im J. G. III, No. 4 u. hier No. 38.

Das „sticken" ist nicht „ersticken", sondern „stecken"; sie steckt zu viel im Hause.

27.

(Ein Quartblatt, die erste Seite
nicht ganz beschrieben.)

(Frankfurt.) Montag d. 19ten September 1774.

Donnerstag früh geht ein Exemplar Werther an Sie ab. Wenn Sie und die Ihrigen es gelesen schicken Sie's weiter an Friz, ich hab nur drey Exemplare und muss also diese zirkuliren lassen.

H. v. Groschlag ist hier, ich habe mich ihm dargestellt, da er mich sehr freundlich aufnahm, seiner Gemahlin präsentirte, offen mit mir über manche Gegenstände sprach, von Ihnen viel, mir einen Empfel an Sie auftrug und mich wiederhohlend nach Dieburg einlud, wohin ich denn auch einen schönen Herbsttag zu gehn dencke. Und so wär ich denn wieder auf soviel mehr Ihr Schuldner, wenn nicht [ein] Sohn durchs blose Sohn=

seyn so viel schuldig würde, daß er mit nichts als mit seiner ganzen Existenz abzahlen kann.

Sie kriegen nun Ihre liebe Max wieder, eine Weile, erquicken Sie das Herz mit aller mütter= lichen Liebe. Adieu. Und melden Sie mir gleich was Herr v. Hohenfeld vom Werther sagt. Und auch Ihr Gefühl übern zweiten Teil.

G.

No. 27. Bei Frese No. 21.

Fritz, d. h. Fritz Jacobi; am 22. September ging das Exemplar Werther, das in Düsseldorf den größten Eindruck machen sollte, an Sophie ab, am 23. das für Kestner's be= stimmte.

Groschlag's Gemahlin war eine geborne Stadion, und schon als solche Sophien's Freundin. Der Schluß erwähnt nur den 2. Theil Werther's, da Sophie den 1. Theil aus der Handschrift schon kannte (oben No. 15).

28.

(Frankfurt, Anfang October 1774.)

Hier was von meiner Unart liebe Mama, ich bin stürmisch, verworren, und hafte doch nur auf wenig Ideen, die liebe Max hab ich in der Comödie gesprochen, ich hab wieder die Augen gesehn, ich weiß nicht was in den Augen ist.

Schicken Sie doch den Brief an Zich!

Wie lange soll ich noch Ihr Geldschuldner bleiben — denn alle Schulden, andre Schulden mögt ich nicht gern abtragen

G.

No 28. Bei Frese No. 26.

Wegen des ersten Wiedersehn's der Max nach deren Rückkehr von dem nur kurzen Besuche des väterlichen Hauses (s. vor. Brief) vor den folgenden Brief zu setzen. In beiden dieselbe Gemüthsbewegung durchscheinend. Die „Unart", im Gegensatz zur Art, wie Werther, beziehe ich auf das eben

herausgekommene Puppenspiel, mit dessen öffentlichen Be=
sprechungen der Altonaer gelehrte Merkurius am 27. October
1774 (S. 342 flgde) begann (Gütige Mittheilung des
Hrn. Dr. Werner). Die andern Journale folgten meist im
November. Am 21. October befand das Stück sich schon in
Wieland's Händen.

Zick, ein Coblenzer Maler, den Goethe auf der Rhein=
reise kennen gelernt hatte. Lavater's Tagebuch vom 18. Juli
1774 enthält die Stelle: „Nachher besah ich Zigg's Malereien,
wenig Wichtiges" (in Hirzel's Briefen helvetischer Freunde,
S. 27). S. über ihn die Einleitung und oben No. 23.

29.

(Ein Quartbogen, nur die erste
   Seite beschrieben.)

Wie werth ist mir ihr leztes herzliches, wie werth alles was Sie mir seyn können. Ich lag zeither, stumm in mich gekehrt und ahndete in meiner Seele auf und nieder, ob eine Krafft in mir läge, all das zu tragen, was das ehrene Schicksaal künftig noch mir und den meinigen zu= gedacht hat; ob ich einen Fels fände drauf eine Burg zu bauen, wohin ich im lezten Nothfall mich mit meiner Haabe flüchtete. — Liebe Mama, ich gönne ihnen die Stunden des Unmuths und Jammerns, es ist Erleichterung wie die Ergießung im Gebet, aber wenn Sie dann auch aufstehn davon, erlauben Sie Ihrem Herzen eine freye Aussicht über all das Glück, das Ihnen in Ihren übrigen bereitet ist, und das vielleicht noch über den unglücklichen Engel waltet. Leben Sie wohl, und dencken mein in Freud u. Leid(. am 21 Okt. 1774.

G.

(Adresse:)
An Herrn
　　Herrn Geheimderath
　　　　von la Roche
　　　　　　nach
　　　　　　Coblenz
　　　　　　im Thal.

(Siegel mit G.)

No. 29. Bei Frese No. 23.

Der aufgeregte Zustand dieses und der vorhergehenden Briefe läßt auf ein acut gewordnes Herzensverhältniß schließen; die Heirathsfrage war nah an den Schreibenden herangetreten: auch die „Seinigen" setzt er mit dem Schicksal in Verbindung und spricht, zwar nicht vom Gründen eines Herdes, so doch vom Bauen einer Burg für seine Habe. Alles vielleicht Beziehungen auf das Drängen seiner Eltern, womit sein eigner Wunsch nur halb übereinstimmte, die als Veranlasserin des Clavigo bekannte Fräulein Münch zu heirathen. Diese Briefe (f. No. 24 u. 28) lassen das wirklich Vorgefallne nur ahnen; sie zeigen aber deutlich, welchen Kampf Goethe die schließliche Auflösung des Verhältnisses

koſtete. Noch am 14. April 1775, als ſich das neue mit Lilli
knüpfte, ſchreibt er an Knebel vom „Antheil des Menſchen=
geſchicks, aus dem ich mich erſt kaum gerettet hatte;"
Antheil des Menſchengeſchicks d. h. dem allgemeinen Menſchen=
looſe.

Die Klagen der La Roche dagegen betrafen den kranken
jüngſten Sohn, den leidenden Engel von No. 22, der jedoch
noch bis 1791 lebte.

„Freud und Leid(." iſt zu leſen: „Freud= und Leiden."

30.

(Ein Quartbogen.)

(Frankfurt, 20. November 1774.)

Ich antworte Ihnen gleich liebe Mama. Ihre Max hab ich in der Komödie gesprochen den Mann auch, er hatte all seine Freundlichkeit zwischen die spizze Nase und den spizzen Kiefer zusammengepackt. Es mag eine Zeit kommen da ich wieder ins Haus gehe. Das Meer verlangt Feigen! sag ich noch iezzo, und lasse mich davon.

Lavater wird die Porzellan Fabrique bezahlen, und zu ruhigerer Zeit wollen wir rechnen. Heut schlägt mir das Herz. Ich werde diesen Nachmittag zuerst den Oel Pinsel in die Hand nehmen! — Mit welcher Beugung Andacht und Hoffnung drück ich nicht aus, das Schicksaal meines Lebens hängt sehr an dem Augenblick, es ist ein trüber Tag! Wir werden uns im Sonnenscheine wiedersehn. — Hier ein kurzes Rezipe für des werthen Bar. v. Hohenfelds Griechisches Studium! „So Du einen Homer hast ist's gut, hast Du keinen kauffe Dir den Ernestischen da die Clärckische wörtliche Uebersezzung beygefügt ist; sodann ver|schaffe 2. S. Dir Schaufelbergs Clavem Homericam, und ein Spiel weisse Karten. Hast Du dies beysammen so fang an zu lesen die Ilias, achte nicht auf Accente, sondern lies wie die Melodey des Hexameters dahinfliest und es Dir schön klinge in der Seele. Verstehst Du's; so ist alles gethan, so Du's aber nicht verstehst, sieh die Uebersezzung an, lies die Uebersezzung, und das Original, und das Original und die Uebersezzung, etwa ein zwanzig dreisig Verse, biß Dir ein Licht aufgeht über Construcktion, die im Homer reinste Bilderstellung ist. Sodann ergreiffe Deinen Clavem wo Du wirst Zeile vor Zeile die Worte analisirt finden, das Praesens und den Nominativum, schreibe sodann auf die Karten, steck sie in Dein Souvenir, und lerne dran zu Hause und auf dem Feld, wie einer beten mögt, dem das Herz ganz nach Gott

hing. Und so immer ein dreisig Verse nach dem andern, und hast Du zwey drey Bücher so durch=
3. S. gearbei̇tet, versprech ich Dir, stehst Du frisch und franck vor Deinem Homer, und verstehst ihn ohne Uebersezzung Schaufelberg und Karten. Probatum est!

Im Ernst liebe Mama, warum das alles so und so, und just Karten seyn müssen. Nicht unter= sucht ruft der Arzt! Warum muss das eben Nessel= tuch seyn worin das Huhn gestoft wird. Sagen Sie dem hochwürdigen Schüler zum Troste, Homer sey der leichteste Griechische Autor, den man aber aus sich selbst verstehen lernen muss.

Empfehlen Sie mich Hr. Geheimderath — Kommen kann ich nicht — Auch ists besser, sie haben Friz allein —

Gerne gar gerne mögt ich Hr. v. Hoh. sprechen und das bey Ihnen, und weil ich's wünsche wird's auch wohl geschehen.

Grus an Lulu, die kleinen, Trosson und Cordel. Klopstock ist ein edler grosser Mensch über dem der Friede Gottes ruht! —

(Ohne Unterschrift.)

(Adresse:)

Herrn

Herrn Geheimderath

von la Roche

nach

Coblenz

im Thal.

(Zwei Siegel
in rothem Lack mit G. und in Goldlack
mit einem antiken Kopf.)

No. 30. Bei Frese No. 24, im J. G. unvollständig, aber correkt, III, No. 36.

Das fehlende Datum ergiebt sich aus Goethe's Brief an Kestner vom 21. November 1774: „An einem fremden Pult, in eines Malers Stube; denn gestern fing ich an in Oel zu malen." Das richtige Datum ist von fremder Hand, weder Goethe's noch Sophien's, auf den Brief gesetzt, welche Bleistift-Notiz Schlosser kopirte, als sei es Goethe's Briefdatum.

Das Oelmalen begann Goethe bei Rothnagel. Es war für ihn eine Lebensfrage, ob er zum Maler bestimmt sei oder nicht. Nach der Rückkehr von Wetzlar hatte er daran gedacht, sich ganz dem Künstlerberuf zu weihen; er gerieth vorübergehend in ein Schwanken, wie der Maler Müller sein ganzes Leben hindurch.

Das Meer verlangt Feigen, sprichwörtlich von einem Opfer; das Meer, personificirt wie der Vierwaldstädter See im Tell, fordert die süßeste Frucht als Tribut. Bei Wander unter Meer No. 91: „das Meer hätte gerne wieder Feigen."

Das ingeniöse Recept zum Griechischlernen will das mechanische Erlernen durch Intuition ersetzen. Goethe selbst lernte später so das Arabische und Wilh. Humboldt rieth Schiller am 20. November 1795 zu demselben Verfahren: „Wenn Sie erst in der neuen Voſſiſchen Ueberſetzung 50 Verse genau läsen, dann es weglegten und das Griechische vornähmen, erst durch bloße Erinnerung, Divination u. ſ. w. sich hineinstudirten und hernach, was Sie intereſſirte, durch Nachschlagen bestätigten, ſo würde Ihr Nachdenken mehr mit in's Spiel gezogen, und Sie drängen ſo tiefer ein, als bei dem gewöhnlichen mechanischen Wege."

Die lateinische Homer-Ueberſetzung des Engländers Clarke ist der Erneſtiſchen Ausgabe (von 1759 bis 1764) beigefügt, derselben, welcher Werther die kleine Wettſtein'ſche Ausgabe vorzog. Goethe schreibt davon 1770 an Hetzler (J. G. I, No. 3 am Ende). Schauffelberger's Clavis Homerica war 1761 bis 1768 zu Zürich in 8 Bänden herausgekommen.

Der Herr Geheimderath ist La Roche; Fritz ist Friedrich Jacobi, der eine längere Reise an den Oberrhein unternahm; als Knebel im December Goethe'n auffuchte, hielt dieser ihn Anfangs für den von ihm erwarteten Jacobi.

Die Gegrüßten wie in No. 25; nur Cordel, Cordula, ist nicht enträthſelt; vermuthlich Frau Troſſon.

Die Aeußerung über Klopstock ist Nachhall der ersten Begegnung Beider zu Anfang October, als Klopstock über Frankfurt sich zu kurzem Bleiben nach Karlsruh begab, jetzt erst durch eine Frage Sophien's hervorgerufen.

31.

(Frankfurt, Anfang December 1774.)

Beste Mama. Ich bitte Sie, schicken Sie doch den Musenalmanach gleich auf der Post zurück an die liebe Max. Diesmal nichts mehr. Was macht Lulu. Addio.

G.

No. 31. Bei Frese S. 158 nicht eingeordnet.

Wegen der in No. 32 wiederkehrenden Erwähnung des Musenalmanachs und der Krankheit der Louise La Roche in den Anfang December zu setzen. Vom 11. an war Goethe von den Weimarischen Prinzen in Beschlag genommen.

32.

(Ein Quartbogen.)

Könnt ich Ihnen liebe Mama recht viel guts für Ihren guten Brief geben. Was ich habe geb ich gern. Den Dechant hab ich die Zeit nicht gesehen. Ich war in Maynz! Dahin nachgereist Wielands Prinzen, das ein treflicher Mensch ist. Ich hab von da aus Wielanden geschrieben, es fiel mir so ein, hab auch eine Antwort, wie ich sie vorfühlte. Das ist was verfluchtes daſſ ich anfange mich mit niemand mehr miſſzuverstehn. Ein Miſſverständniſſ zwischen der Serviere u. der Kleinen nichts als Miſſverständniſſ, und so ein Ding reiſſt fort wie eine gefallne Masche in einem Strumpf, man hätts im Anfang mit Einer Nadel fangen können. Nächsten Conzert Abend will ich die Kleine vornehmen, heut war ich bey der alten Baase, die recht gut ist. So gehts in der Welt,

u. ich bin treffl. solche Sachen einzugleichen. Wenn ich auch Hr. v. Hohenf. zu Nüzze in der Welt seyn kann ist mirs grose Freude, ich wünsch ihm zu seinem Griechischen | Glück. Er wird sich künftig die Mühe dancken die er sich gegeben hat.

Heut krieg ich ein Exemplar Werther zurück, das ich umgeliehen hatte, das von einem wieder an andre war gegeben worden und siehe, vorn auf das weisse Blat ist geschrieben: Tais Toi Jean Jaques ils ne te comprendront point! — Das that auf mich die sonderbarste Würckung weil diese Stelle im Emil mir immer sehr merckwürdig war.

Meine Klettenberg ist todt. Todt eh ich eine Ahndung einer gefährlichen Kranckheit von ihr hatte. Gestorben begraben in meiner Abwesenheit, die mir so lieb! so viel war. Mama das picht die Kerls, und lehrt sie die Köpfe strack halten — Für mich — noch ein wenig will ich bleiben —

Kommen Sie nur, mein Sessel wartet ihrer, der Zeugniss ist zwischen mir und Ihnen dass wir guten Muth haben wollen.

3. S. Sie haben nun wohl den Almanach für die Max gekriegt und ihr ihn auch zurückgesendet.

Reich's Brief ist gut. 1 Carolin für den gedruckten Bogen könnt er wohl buchhändlerisch geben. Ich mag gar nicht daran dencken was man für seine Sachen kriegt. Und doch sind die Buchhändler vielleicht auch nicht in Schuld. Mir hat meine Autorschafft die Suppen noch nicht fett gemacht, und wirds u. solls auch nicht thun.

Zu einer Zeit da sich so ein grofes Publikum mit Berlichingen beschäfftigte, und ich soviel Lob und Zufriedenheit von allen Enden einnahm, sah ich mich genötigt Geld zu borgen, um das Papier zu bezahlen, worauf ich ihn hatte drucken lassen.

Mich freut daß Lulu glücklich durch den gefährlichen Paß ist, ich wusst es von der Max, und war nur halb bange.

Die hiesige gel. Zeitung ist manchmal gut, aber durchgehends weder für Herz noch Geist eines Mannes wie Hr. v. H.

Adieu Mama. Bey Tags Anbruch nach der längsten Nacht. 1774.
G.

No. 32. Bei Freje No. 25.

Dem Schlusse nach vom 22. December 1774. Die Reise nach Mainz mit Knebel fand am 13. Statt, dem Todestage der Klettenberg, um dort den vorangereisten, noch nicht großjährigen Herzog Karl August — Wielands Prinzen (Sing.) — zu sehn. Des Briefs an Wieland gedenkt Goethe in Dicht. und Wahrh. Buch 15. Mit Bezug auf denselben schrieb Knebel am 23. December 1774 in richtiger Erkenntniß an Bertuch: „Keine Menschen in der Welt würden sich geschwinder verstehen, wenn sie beisammen wären, als Wieland und Goethe," und zur Bestätigung von Goethe's obigem Bedauern: „Goethe fing mit einmal des Abends in Mainz ganz traurig an: Nun bin ich mit all den Leuten wieder gut Freund, den Jacobi's, Wieland — das ist mir gar nicht recht. Es ist der Zustand meiner Seele, daß, sowie ich etwas haben muß, auf das ich eine Zeitlang das Ideal des Vortrefflichen lege, so auch wieder etwas für das Ideal meines Zorns" (Deutsche Rundschau 1877. III, 517 flgde). Auch das kurze Mißverständniß mit Herder hörte damals auf (J. G. III, No. 50).

Dem Andenken an die Servière, die Frau eines in Frankreich lebenden Kaufmanns, widmet Goethe in seiner Biographie (Buch 13) die Worte: „Der Gestalt einer wohlgebildeten, obgleich nicht jungen Frau mit Namen Servière erinnere ich mich noch genau." Freundin nennt er sie in einem damaligen Briefe. Sie stand in dem Alter von Sophie; um so weniger hätte Goethe sie dieser als „alte Base" bezeichnet. Ein Verwandtschaftsverhältniß mit Brentano's ist auch nicht bekannt. Darunter dürfte daher eine andre Frau, etwa die alte Frau Allesina, als geborne Brentano jedenfalls Base von Maxe's Gatten, von Goethe in der Sache zugezogen worden sein. — Wegen Hohenfeld's griechischen Studiums s. No. 29.

Die Stelle aus Rousseau's Emil, die auf Goethe solchen Eindruck gemacht, klingt auch im Faust an, in den Versen:
„Die Wenigen, die was davon erkannt,
Die thöricht genug ihr volles Herz nicht wahrten" u. s. w.

Bettina schildert den Vorfall nach den Erinnerungen von Goethe's Mutter (Briefw. I, S. 197) folgendermaßen: „Deine Mutter erzählte mir, wie du kurz, nachdem du den Werther geschrieben, im Schauspiel gesessen und wie dir da anonym ein Billet sei in die Hände gedrückt worden, darin geschrieben war: ils ne te comprendront point Jean Jacques."

Der Göttinger Musenalmanach auf 1775 (s. No. 31) enthielt Götz's Mädcheninsel, die Aufsehn machte, und reiche Gaben von Klopstock, den Stolbergen, Hölty, Voß und Goethe. Der Almanach war demonstrativ gegen Wieland.

Die Korrespondenz mit Reich (s. No. 6 und 24) hat nicht zu einem Verlagsgeschäft mit Sophie geführt; Rosalien's Briefe fanden erst 1779 einen Verleger in Altenburg.

Ueber die Unkosten des Götz spricht Goethe ganz ebenso wie hier in seiner Biographie Buch 13.

33.

(Ein Octavbogen.)

Hier liebe Mama die Briefe zurück die ich fürtrefflich finde. Den 29. wegen seines glücklichen Tons, womit er eine so ernsthaffte Materie vorträgt, den 38. weil er dem ganzen Ihrer Briefe eine Rundung Wendung und Weisung giebt.

Meine Schw. hat ein Mädgen, sie bleiben in Emmedingen, wo Schlosser die Marckgr.sch. Hochberg dirigirt.

Indem ich die Briefe vergangnen Jahrs sortirte und aufhub sind doch mancherley alt neue Ideen mir durch den Kopf gegangen. Wenn man so den moralischen Schneeballen seines Ich ein Jahr weiter gewälzt hat, er hat doch um ein gutes zugenommen. | Gott verhüte Thauwetter. 2. S.

Keine solche Gramatick kenn ich hab also bey Eslingern Rambachs bestellt.

Von der l. Max wissen Sie wohl was nähers als ich. Vielleicht seh ich sie heut im Conzertgen.

Adieu. Empfelen Sie mich Hr. von Hohenfeld.

(Frankfurt) d. 3. Jan. 1775.

G.

No. 33. Bei Frese No. 27.

No. 29 von Rosalien's Briefen schildert den Besuch der Heldin an Henrietten's Grabe (f. oben No. 2, 10 u. 12), No. 38 eine opferfähige Frau als Seitenstück zu Henriette: Beider Tugenden vereinigt Rosalie.

Die Nachricht über die erste Entbindung der Schwester ist sehr verspätet, da das Ereigniß schon am 28. October 1774 eingetreten war. Sophie hatte vielleicht nach dem Geschlecht des Kindes gefragt.

Rambach's lateinische Grammatik, einst auch in Norddeutschland verbreitet, war 1770 erschienen.

34.

Liebe Mama! Hier ein Billet von der Max: wir sind iezzo, besonders ich des Lebens recht froh, es ist ein starckes Treiben. Denken Sie an uns. Wegen Ihrer Briefe hab ich an Merck geschrieben, hab aber noch keine Antwort. Friz hat Ihnen geschrieben. Adieu behalten Sie mich lieb.

Erfurt d. 18 Jan.(var. 17)75.

G.

No. 34. Bei Frese No. 28, L. Assing No. 2, J. G. III, No. 49.

Aus der ersten frohen Lilli=Zeit. Das erwähnte Schreiben an Merck ist nicht bekannt. Fritz Jacobi befand sich in Frankfurt den ganzen Januar hindurch zum Besuch, ebenso später Ende Februar und Anfang März.

35.

Liebe Mama! Glück zur Max, und nun bald Glück zum Enkelgen, und grüßen Sie das kleine Müttergen. Sie wird Ihnen gesagt haben, die halbe Ursache warum ich nicht schrieb, ich glaubte Sie hätten was gegen mich und das war mir unerträglich. Hernach bin ich auch so ein Faßnachts Goethe in Schwarm und Saus und noch was befangen, daß nichts mit mir anzufangen ist.

Friz der nun bald zurückkehrt soll Ihnen auch von mir erzählen, wir waren sehr lieb gut und kräftig zusammen, die Max wird hoff ich ein bisgen guts von mir sagen, bey dem bösen das sie von mir zu sagen hat. Ich grüße sie herzlich auch mögt ich von meinem hochwürdigen Griechen etwas hören. Der Hr. G. H. Rath ist wohl in

Wien, will bald wiederkommen und gedenckt auch mein. Ade Mama. Immer der Ihre

G.

Erfurt d. 17 Febr. 1775.

No. 35. Bei Frese No. 29.

Die Maxe hatte sich zur Mutter begeben. Auch dieser Brief reflektirt die Zeit und das Liebesleben — das Böse, das die Maxe berichten wird —, welches zur Verlobung mit Lilli führte. An demselben Tage schrieb Goethe an Bürger: „die Frühlingsluft, die so manchmal schon über die Gärten herweht, arbeitet wieder an meinem Herzen." (Faßnacht ist die ältere, von Goethe beibehaltne Form; H. Sachs: Fasnacht).

Wegen Fritz Jacobi s. vor. Brief. Der Grieche ist Hohenfeld, der Geheimde Rath der in Wien weilende La Roche, der an seinen Schwiegersohn noch nach Maxe's Abreise geschrieben zu haben scheint. Brentano war kur-trierscher Resident, ihm also auch geschäftlich verbunden.

36.

Gott segne Sie liebe liebe Grosmama, und das kleine Mamagen und den Knaben. Ich hoffe die Dazwischenkunft des Mäusgens wird viel ändern ich kann wohl sagen ich erwarte sie recht schulich zurück. Jetzt geh ich zu Brentano ihm Glück zu wünschen. Grüsen Sie H. v. Hohenfeld. Friz hat wie ich sehe meine lezte kleine Familie produzirt, er ist lieb. Ehstens kriegen Sie wieder was, das ich Ihrem Herzen empfele. Auf den Freytag binn ich hier, erwarte also! —

Adieu — der lieben kleinen Mutter Ade! — Wird denn eine Zeit kommen daff wir werden einen freundlichen Einfluss auf einander haben liebe Max? Ihre Briefe sollen Sie bald wieder haben.

Erfurt d. 15. März 1775.

Goethe

No. 36. Bei Frese No. 30.

Maxe's erstes Kind, Georg Michael Anton, war am 12. März in Ehrenbreitstein geboren. Wieland gratulirte Sophie zur Großmama am 24. (Seine Briefe an Sophie S. 171).

Unter der letzten kleinen Familie, welche Jacobi in Ehrenbreitstein vorgezeigt, kann nur „Erwin und Elmire" verstanden werden. André arbeitete in Offenbach bereits an der Musik für das Stück. Jacobi hatte es zur Veröffentlichung in der Iris mitgenommen. Schon am 27. Januar hatte er Wieland mitgetheilt, daß es in seiner Zeitschrift erscheinen werde (Jacobi's Auserw. Briefw. No. 68). Zugleich kündigt Goethe „Stella" an (s. No. 42). Der Brief ist an einem Mittwoch geschrieben; am nächsten Freitag erwartete Goethe vergebens die versprochene Ueberraschung. Er schreibt hier, Frankfurt, weil er sich damals wegen André und Lilli meist in Offenbach aufhielt.

37.

(Ein Quartbogen, wovon die
erste Seite beschrieben.)

Liebe Mama, Brentano hat mir ihre täglichen Briefe an Ihn gezeigt. Das Weibgen ist wohl und ich wünsche daſſ die Freundschafft und das Zutrauen, das mir bisher der Mann bezeugt, un= geheuchelt seyn möge, ich glaubs wenigstens, und so hoff ich daſſ ich der Kleinen künftig keinen Verdruſſ mehr, und vielleicht eine angenehme Stunde hie u. da machen werde. Sagen Sie ihr das mit dem herzlichsten Grus.

Täglich streb ich und arbeit ich braver zu werden, hab auch Gott sey Danck wieder Relais Pferde für meine weitere Route getroffen. Adieu liebe Mama, und nun noch eine Bitte. Dem von Buri in Neuwied gab ich lezten Sommer einige Gedichte, die er mir vorenthält, das ver=

drießt mich), ich hab ihm geschrieben, er ließ mir
durch einen dritten sagen: er wolle mir sie durch
Madame l. R. schicken. Bitte, bitte liebe Mama
schaffen Sie mir sie. Was hab ich denn lezten
Freytag empfangen sollen? Hr. v. Hohenfeld viel
Grüse.

Ade liebe Mama. d. 21. Merz 1775.

G.

(Adresse:)

Herrn
Herrn Geheimderath
von la Roche
nach
Coblenz.

(Siegel mit G.)

No. 37. Bei Frese No. 31.

Von gleichem Datum mit dem Brief an Fritz Jacobi
(J. G. III, No. 66), der Goethe ganz von Lilli ergriffen
zeigt. Mit den Relaispferden für die weitre Route hier verbindet sich dort die Stelle: „Mir ist als wenn ich auf
Schrittschuen zum erstenmale allein liefe und dummelte auf
dem Pfad des Lebens und sollte schon um die Wette laufen"

— alles zu verstehn von den Plänen zur neuen Lebensgestaltung. Hiezu kamen Aussichten auf Anstellung in der Pfalz.

Mit dem in Neuwied lebenden, von Goethe dort am 19. Juli vor. Jahres besuchten lyrischen und dramatischen Dichter Ysenburg von Buri war Goethe seit früher Jugendzeit bekannt. Seine frühesten uns erhaltenen Briefe vom April und Juni 1764 sind an denselben gerichtet. Goethe wünschte die Gedichte für die Iris.

Am Freitag dem 17. war seine Erwartung (s. No. 36) getäuscht worden. Der 21. fiel auf einen Dienstag.

Der Zusatz „Max" zur ersten Zeile des Briefs (Note bei Frese S. 161) findet sich nicht auf dem Original. Er scheint auch nicht richtig; nicht die Wöchnerin selbst, sondern Sophie, die Mutter, wird über deren Befinden an Brentano tägliche Nachricht ertheilt haben. In der Eile sind die Stellen des großen und des kleinen I-Buchstaben verwechselt.

38.

(Ein Quartblatt, wovon eine Seite
nicht ganz beschrieben.)

Hier liebe Mama ein Klijog der Ihnen Freude machen [wird]. Die Zeichnung von Hr. v. Hohenfeld soll mir zehnfach werth seyn. Nur bitt ich bey allem was heilig ist daß wenn Sie mir sie schicken, sie aufs sorgfältigste verwahrt wird, denn so huy ich sonst bin, ein Fältgen in so was macht mich rasend.

Adieu Ihnen u. der lieben Frau. Ich hab ihr bisher mein Wort gehalten und versprach ihr wenn ihr Herz sich zu ihrem Manne neigen würde, wollt ich wiederkehren, ich bin wieder da, und bleibe bis an mein Ende wenn sie Gattin und Hausfr. u. Mutter bleibt. Amen. (Frankf.) d. 28. Merz. 1775.

(Ohne Unterschrift.)

No. 38. Bei Frese No. 32.

Durch Lavater's Freundin, Frau Heß, hatte Goethe einen zur Verbreitung gedruckten Brief des Schweizer Bauern

Klijog erhalten. Er schreibt davon an Herder den 1. April. Dieser Brief scheint hier unter „einem Klijog" und nicht dessen Porträt (Physiogn. II, Fragm. 26, Tafel 4) verstanden werden zu müssen (s. über ihn die Einl. u. No. 40). Als Mitarbeiter an Lavater's Werk erbittet Goethe Hohenfeld's Porträt.

Das Amen wie in No. 27. Die so überaus superioren und strengen Worte über die noch immer in Ehrenbreitstein weilende Maxe erhielten dadurch, daß sie der Mutter zugingen, doppelten Nachdruck. Goethe wollte über seine Stellung zu ihr auch nicht den kleinsten Zweifel übrig lassen.

39.

L. Mama endlich hab ich's übers Herz bracht, und ziehe von Frft. gehe zu meiner Schwester. Also über Manheim, Carlsr. und Strasb. Dancke für Ihren lezten Brief und Erbieten. Rede nun selbst mit Lenz und von dorther vielleicht mehr. Ihre Briefe sind herrlich; Ade und der kleinen Frau alles herzliche! — Wenn ich wiederkomme, treffe ich Sie doch!

G.

(Frankfurt) d. 13 May 1775.

No. 39. Bei Frese No. 33.

Das Erbieten betraf, wie der folgende Satz zeigt, gleichfalls Lenz. Lilli fliehend, trat Goethe am Sonntag dem 14. Mai die berühmte Genie-Reise mit den beiden Stolberg und Haugwitz an, seine erste Schweizer Reise. „Dorther", aus Straßburg.

40.

(Ein Quartblatt, wovon die erste
  Seite beschrieben.)

(Zürich.) An Lavaters Pult. d. 12. Juni 1775.

Ich komme von Klijog, wo ich mit Lav. den Stolberg Haugwiz und andern guten Jungens war. Daß ich dort an Sie gedacht habe, hier ein Stück Brodt an seinem Tische geschnitten. „Man kann frisch zu schneiden*), wenn man sieht daß es vollauf ist." Sagte er, freylich in seinem Ton und Sprache. Ich ging ohne Ideen hin von ihm, und kehre reich u. zufrieden zurück. Ich habe kein aus den Wolcken abgesencktes Ideal angetroffen†), Gott sey Danck, aber eins der herrlichsten Geschöpfe, wie sie diese Erde hervorbringt, aus der auch wir entsprossen sind. Ade! Ade! — Und Sie zu Frankfurt. Eben da ich fliehe! — Der Max viel Grüs.

G.

*) NB. keinen **moralisch philosophischen** Bauern.

†) für schneiden sagen sie **hauen**. "Ein stück Brodt **abhauen**."

No. 40. Bei Frese No. 34.

Aus Zürich, unmittelbar nach der Rückkehr von einem Ausfluge zu Klijog in Wermetschwyl (zwischen Uster und Pfäffikon). Am 8. Juni war Goethe in Zürich angelangt und dort mit den obgenannten beiden Stolberg und Haugwitz wieder zusammengetroffen. Unter den andern guten Jungens sind die Frankfurter Passavant und Kayser und vielleicht Lips, der Zeichner der Physiognomik, zu verstehn. Goethe wohnte bei Lavater, wie aus einem Schweizer Gedichte der Zeit hervorgeht:

> Wie wunderbar die Herren Genien sind.
> Herr Goethe kam nach Zürich,
> Spricht ein bey seinem Lavater,
> Find't Buch und Tisch bey'm Waldreis wohl bestellt
> u. s. w.

Zum Waldreis hieß Lavater's väterliches Haus.

Klijog ist in No. 38 erwähnt. Daß Goethe ein Stück Brod von dem Tische dieses Mannes damals von Zürich nach Frankfurt sandte, zeigt, welcher Kultus mit ihm getrieben wurde. Die Noten unter dem Briefe hat Goethe mit Bleistift zugesetzt. Er sagt, er habe keinen moralisch=philosophischen Bauern angetroffen, reagirt also gegen die Aufbauschung des Phänomens durch Hirzel, der Klijog in seiner Schrift über ihn einen philosophischen Bauern genannt hatte. Goethe's moralisch=philosophisch ist nachgebildet dem ethico politicum im Titel des Florilegium von Gruterus (1610) und der Zincgrefischen Emblemata; so auch Goethe spöttisch von den „philosophisch=moralisch=poetischen Bijouterien" des Wielandschen Merkur (im Brief an Schönborn) und so das „moralisch=politisch" im Titel seines satirischen Jahrmarktfestes.

Eben da ich fliehe; vergl. das aus derselben Situation geflossene: „Flieh' ich, Lilli, vor Dir" im Liede (Ged. I, 62. An ein goldnes Herz) und den Zufluchtsort des nächsten Briefes.

41.

(Ein Octavblatt, dessen erste
  Seite beschrieben.)

Liebe Mama, ich bin wieder da seit einigen Tagen, habe Herdern in Darmstadt angetroffen, und bin mit ihm und seinem Weibgen herüber. Sie kommen bald, und wenn Sie auch nicht kämen, müsst ich doch verspaaren biss auf mündlich, was unterweegs an Abentheuern bestanden worden. In Speyer fand ich Hr. v. Hohenfeld nicht. Mir ist's wohl dass ich ein Land kenne wie die Schweiz ist, nun geh mir's wie's wolle, hab ich doch immer da einen Zufluchtsort. Die May mit ihrem lieben Iungen hab ich gesehen, mit meiner Mutter hatte sie viel Verkehr in meiner Abwesenheit. Wies nun gehn wird, weis Gott. Brentano ist nicht eifersüchtig, sagt er. Hat sich Crespel als ein treuer Ritter bezeugt? Lassen Sie sich's nicht aus=

fallen noch zu uns zu kommen. (Frankfurt) d. 26. (Juli 1775).

Noch einen guten Morgen heute d. 27. Juli 1775.

G.

No. 41. Bei Frese No. 35.

Aus Frankfurt am Tage nach der Heimkehr. Von Straßburg kommend hatte Goethe Speier und Darmstadt berührt. Hier traf er zuerst seit Mai 1773 mit Herder's zusammen. Mit Merck hatte er sie am 25. Juli nach Frankfurt begleitet (Merck's Briefe II, S. 98).

Rath Crespel, Goethe's in Dicht. und Wahrh. humoristisch geschilderter Jugendfreund, katholisch wie Brentano's. Er ward Maxe's intimer Hausfreund, sowie Vertrauensmann und Frankfurter Agent ihrer Mutter. Nachstehend Anfang eines Briefs derselben an Crespel nach dem Originale, datirt 8. Januar (1776):

Braver guter Sohn! Da hastu meine Hand die dir das Lob — und den Dank der Mama versichert: möge ich werther Crespel nur jemahls das Vergnügen erlangen Ihnen etwas angenehmes und gutes zu erzeigen, denn ich möchte Sie nicht nur für das Vergnügen belohnen, das mir Ihre gute Dienste zu genießen geben, sondern auch für das, so ich über die Kentnis des großen Unterschieds empfinde, der zwischen schönen Rednern und zwischen denen ist, so schöne Handlungen über den Weg ihrer Freunde außstreuen. Crespel!

du bist nicht auf der Liste der schönen Geister gezeichnet, aber meine Seele segnet sie für daß was Sie edelmüthig mit= leidend für meine gute, gute arme Max thun. Laßen Sie sich die mütterliche Thränen, mit denen ich dießes schreibe, und mit meinen beyden Händen eine der Ihrigen faße, u. mit der innigen Bitte bewegen, noch länger edle wohl= thätige Geduld mit Brentano's Fehlern und seine gütige Empfindsamkeit mit Ihrer Schwester Max unverdientem Schicksal zu haben. Sagen Sie ihr, daß ich sie mehr als meine 4 andre Kinder liebe, daß ich nicht aufwache, nicht schlafen gehe, ihr Bild nicht sehe, ohne um sie zu weinen, u. Gelübde für sie zu machen, que je la conjure d'avoir toujours une conduitte iréprochable devant tout le monde etc.

42.

Gestern Abend liebe Mama haben wir gefie=
delt und gedudelt bey der guten Max. Ich dancke
für Ihren Brief, auch für den ersten durch Fal=
mern, ich hab ihn richtig erhalten. Ihre Briefe
sind hier danckbar zurück. Es ist doch immer eine
freundliche Zuflucht, das weise Papier, im
Augenblick der Noth ein wahrer, theilnehmender
Freund, der uns durch keine widrige Ecken des
Characters zurückstößt, wie man's wohl oft just
in den Stunden erfährt, da man am wenigsten so
berührt werden mögte.

Daß Sie meine Stella so lieb haben ist mir
unendlich werth, lassen Sie sich sie von Friz
geben. Es ist nicht ein Stück für jedermann.
Wie stehn Sie mit Lenz? Ich weiß kein Wort
von, er hat mir Ihre Briefe nicht sehen lassen,

mir scheint als wenn Sie mit dem Originälgen nicht gut zurechte kämen. Er wälzt sein Tönngen mit viel Innigkeit und Treue.

Adieu grüßen Sie H. v. Hohenfeld! einen Empfehl von Crespel, der Sie herzlich liebt und schätzt.

Schreiben Sie mir bald. d. 1 Aug. 1775.

G.

No. 42. Bei Frese No. 36.

Mit dem Musikabend werden die Uebungen aus der allererſten Zeit, dem Januar 1774, wiederaufgenommen. Denn damals ſchrieb Merck ſeiner Frau von Goethe: „il joue avec les enfans et accompagne le clavecin de Mme. Brentano avec la basse," nämlich dem Violoncell, welches Inſtrument Goethe in Straßburg erlernt hatte. Goethe flüchtete hieher vor den Conflikten mit Lilli's Familie. Dahin, wohl hauptſächlich auf Frau Schönemann zielen „die widrigen Ecken des Charakters". Die freundliche Zuflucht zu dem weißen Papier — das Goethe auch im Alter oft der zwieſpältigen Konverſation vorzog — ergriff er damals beſonders in den Briefen an die Gräfin Auguste Stolberg; ihr hatte er den Tag vorher geſchrieben: „wenn mir's ſo recht weh iſt, kehr ich mich nach Norden, wo ſie dahinten iſt, zweihundert Meil von mir" und „Ich habe mich so oft am weiblichen Geschlecht betrogen." Gleichzeitig an Knebel (J. G. III, No. 91).

Falmer bezieht sich auf die in Anm. zu No. 5 genannte Johanna Fahlmer. Lenz hatte Goethe so eben bei dem zweimaligen Besuche Straßburgs wiedergesehn, ihre Freundschaft den Höhepunkt erreicht. Von den Beziehungen zwischen Sophie und Lenz ist Näheres nicht bekannt. Er feierte sie als Verfasserin der Sternheim in seinem Pandaemonium germanicum, und zugleich Goethen als Beurtheiler der Sternheim, auf Kosten Wieland's, des Herausgebers.

43.

(Ein Quartblatt; die erste Seite beschrieben.)

Liebe Mama! Ich geh nach Weimar! Freut Sie das? ich will sehn obs möglich ist mit Wieland auszukommen um seinen alten Tagen was Freundliches auch von meiner Seite zu bereiten. Ich erwarte das iunge Paar und dann gehts. Schreiben Sie mir doch hin. Sie können's an Wiel. einschliesen.

Die Max ist hold, wird in meiner Abwesenheit noch freyer mit meiner Mutter seyn, obgleich Brent. allen Anschein von Eifersucht verbirgt, oder auch vielleicht mich iezzo für harmlos hält.

Für Buri hab ich nichts thun können ich bin mit meinen Buchhändlern brouillirt, und ein neuer würde es als Gefallen thun und wieder ein Opfer von mir verlangen, doch will ich seinen Brief mitnehmen.

Wieland ist doch der alte auch in der Neuwiedischen Affaire, diese Weiber Aber wird mich fürcht ich von ihm abscheiden.

Hier Menalck u. Mopsus!

Zimmermann ist gar brav! Ein gemachter Charackter! Schweizer frey gebohren, und am deutschen Hof modificirt. Er bezaubert alle Welt, sonderlich die Weiber.

Merck ist häuslich, still und leidlich. Weis sonst wenig von ihm. Sie kennen den Nichtschreiber, Nichtantworter!

Ihr Friz! Liebe Mama! Daß das Schicksaal den Müttern solche Schwerdter nach dem Herzen zückt, in den Momenten da sie all der kleinlichen Sorgen Lohn im Grosen einerndten sollten — Halten Sie Sich aufrecht! Wer vermags sonst und in müden Stunden lehnen Sie Sich an unsre Liebe, die gewiss ganz und ewig ist.

G.

(Frankfurt) d. 11 Oktbr. 1775.

No. 43. Bei Frese No. 38.

Die Reise nach Weimar zu längerm Aufenthalte, der sich in einen lebenslänglichen verwandeln sollte, war bei der

Durchreife des Herzogs Karl August zu seiner Vermählung im September entschieden worden. Am 12. Oktober traf das junge Paar von Karlsruh in Frankfurt ein; in deſſen Begleitung reiſte der junge Dichter indeſſen noch nicht ab. Buri iſt als der gemeinſchaftliche Bekannte der Briefſteller ſchon in No. 37 genannt.

Wieland's Neuwiedſche Affaire betraf wohl auch Buri.

Menalk und Mopſus, Lenz's neueſte Schrift (1775), gegen Wieland gerichtet.

Zimmermann, der Hannöverſche Leibarzt, war Ende September, nebſt ſeiner Tochter, Gaſt des Goethiſchen Hauſes geweſen (Dicht. u. Wahrh. Buch 15). Damals befand er ſich wieder in Hannover, wenn ſchon Goethe von ihm im Präſens ſpricht.

Fritz, der älteſte Sohn Sophien's, der ihr in ſeiner Militärlaufbahn manche Sorge bereitete; der Dichter des „Ach neige, du Schmerzensreiche" erinnert an die Mater dolorosa mit dem Schwert im Herzen.

44.

(Ein Quartbogen.)

Sie erhalten liebe Mama einen Brief von einem zwar ungezognen doch nicht ganz ungerathnen Sohne, der eine gute Gelegenheit ergreifft sich wieder bey Ihnen zu produziren. Hr. von Knebel ein sehr braver Mann aus unserm Kreise wird zu Ihnen kommen, den bitt ich gut zu empfangen und ihm beiliegendes zu geben.

Wollen Sie mir alsdenn sagen ob er Ihnen gefallen, und etwas von Sich dazufügen werden Sie mich sehr vergnügen.

Vor wenig Tagen hab ich Mad. de Branckoni hier gesehen, mit ihr von Ihnen gesprochen, und die Frauenzimmer Briefe empfohlen.

2. S.   Eben fällt mir ein daß Sie vielleicht eine meiner iezzigen Lieblingsneigungen füttern können wenn Sie so freundlich seyn wollen.

Ich gebe, seit ich mit Bergwercks Sachen zu thun habe, mit ganzer Seele in die Mineralogie. Wenn Sie mir durch irgend einen dienstbaaren Geist, deren auf Ihren Winck eine Legion wimmelt, etwas aus Ihrer Gegend, oder sonst zusammen tragen liesen, würden Sie mir ein Fest machen. Da ich kein Brod verlange sondern nur Erz und Steine so geht das ia wohl.

Abdio! Wieland ist wohl und will wieder sein eigen Haar ziehen.

Wenn man Boden in seiner Stärke | sehen 3. S. will, muss man gegen Sie einen Diskurs anfangen, dann beisst und hackt er.

Uebrigens leben wir so gut als in irgend einer Zeitlichkeit möglich ist, und ich bin wie immer der nachdenckliche Leichtsinn, und die warme Kälte. Nochmals Adieu. Grüsen Sie die Töchter, und wenn Hr. v. La Roche noch etwas von mir weis so empfehlen Sie mich ihm.

Da Hr. v. Knebel auch wohl nach Düsseldorf geht, so gebe Gott dass er mir mit unserm alten Friz eine angenehme Vereinigung auswürcke. Wir sind ia denck ich alle klüger geworden, es ist Zeit daß man aufs Alter sammelt und ich möchte wohl | meine alten Freunde, die ich auf ein oder andre Weise von mir entfernt sehe, wieder gewinnen, und wenn möglich in einem konsequenten guten Verhältniß mit ihnen weiter und abwärts gehn.

Es fällt mir noch eine Menge ein doch will ich schliessen.

Weimar d. 1. Sept. (17)80.

         Goethe.

No. 44. Bei Frese fehlend.

Nach einer Unterbrechung von fünf Jahren. Sophie hatte nach Wielands Schreiben an sie vom 11. Januar 1776 Anfangs ihre Briefe an Goethe fortgesetzt; sein Stillschweigen darauf entschuldigt Wieland in jenem und in dem Schreiben vom 14. Juli 1776. Knebel's Reise, der nach der Schweiz die Kreise der La Roche und Jacobi's am Rhein aufsuchen wollte, gab Goethe den Anlaß die Korrespondenz wieder aufzunehmen. Knebel traf am 12. September 1780 in Coblenz ein, fand in Ehrenbreitstein am folgenden Tage Sophie jedoch nicht anwesend — sie war in Frankfurt — sondern nur La Roche, der ihn in seinem Garten empfing und ihm seine, einst von Goethe (Dicht. und Wahrh.

Buch 13) bewunderte Gemäldegalerie und sein Mineralien-Kabinet zeigte. Knebel notirte: „Schöne Mineralien, vorzüglich von Eisen, vom Bergwerk zu Horchhausen." Goethe, der mit Anspielung auf das Bibelwort Ev. Matth. 4, 3 (wie später in den Versen an Schiller: Dem Herren in der Wüste bracht') um Steine gebeten hatte, wird seines Wunsches daher wohl gewährt worden sein. Auch in Merck's Briefen (I, S. 372) wird La Roche's Sammlung erwähnt. Noch 1818 sammelte Goethe Coblenzer Mineralien (s. seine Annalen).

Madame Branconi, die schöne Freundin Goethe's von der Schweiz her, Lavater's „mißkannter Engel", war von Julie Bondeli und dadurch auch von Sophie gekannt. Goethe hatte ihr eben in Weimar einen ganzen Tag gewidmet (den 27. August; s. Br. an Frau v. Stein).

Die ein Jahr vorher als Buch erschienenen Briefe Rosalien's nennt Goethe hier nach ihrem anfänglichen Titel in der Iris. Bode, der bekannte Freimaurer und Uebersetzer Sterne's, hatte dieselben mit der sehr bescheidnen Vorrede vom 26. März 1779 in die Lesewelt eingeführt. Goethe's scherzhafte Aeußerung über ihn mit dem Anklang an die damals neuen „Vögel" zeigt, wie ernst und ehrlich er es mit seiner Aufgabe genommen.

Das „ich gebe in die Mineralogie," je donne dans la m., läßt Goethe's damalige französische Uebung erkennen; es war dies ganz Sophien's französirender Stil.

Wieland's Haar ist eigentlich, nicht bildlich zu verstehen. Auch der Herzog hatte, als er 1780 nach der Rückkehr aus der Schweiz in eignem Haar erschien, Aufsehn erregt.

Goethe war bemüht, Fritz Jacobi, den er durch die bekannte Verspottung des Woldemar im Ettersburger Walde tief verletzt hatte, auszusöhnen — dieß gelang ihm vollständig.

Wenige Wochen nach Eintreffen dieses Brief's erfolgte der Sturz La Roche's und dessen Uebersiedlung nach Speier zu dem als Trier'scher Minister gleichfalls abtretenden Hohenfeld. Sophie meldete das Ereigniß schon Ende September an Wieland, auch daß Hohenfeld sie aufnehme (Wieland's Briefe an sie S. 211. Seine Antwort ist vom 6. October 1780). Einen Hauptanlaß hiezu gab die, wie es scheint, nicht glückliche Leitung des Coblenzer Schloßbaues. Knebel's unbefangene Reisenotizen vom 13. September lassen dieß erkennen; er schreibt vom Kurfürsten: „Baut drei Jahre an einem Schloß; ist kaum der Grund fertig, und glaubt Niemand, daß es zu Stande kommen dürfte. Alle Welt unzufrieden." Daher erweckte der „Anblick des neuen kurfürstlichen Palastes" zu Coblenz bei Sophien, als sie sechs Jahre darauf vorbeireiste, doppelt unangenehme Ideen (L. Assing S. 254).

Goethe's

Uebersetzung des Hohen Liedes.

1775.

(1) Küss er mich den Kuss seines Mundes! Trefflicher ist deine Liebe denn Wein. Welch ein süser Geruch deine Salbe, ausgegoßne Salb ist dein Nahme, drum lieben dich die Mädgen. Zeuch mich! Laufen wir doch schon nach dir! Führte mich der König in seine Kammer, wir sprängen und freuten uns in dir. Priesen deine Lieb über den Wein.

Lieben dich doch die Edlen all!

*

(2) Schwarz bin ich, doch schön, Töchter Jerusalems! Wie Hütten Kedars wie Teppiche Salomos.

Schaut mich nicht an daß ich braun bin, von der Sonne verbrannt. Meiner Mutter Söhne feinden mich an, sie stellten mich zur Weinberge Hüterinn. Den Weinberg der mein war hütet ich nicht.

*

(3) Sage mir du den meine Seele liebt, wo du weidest? Wo du ruhest am Mittag? Warum soll ich umgehn an den Heerden deiner Gesellen.

Weist dus nicht schönste der Weiber folg nur den Tapfen der Heerde, weide deine Böcke um die Wohnung der Hirten.

*

(4) Meinem reisigen Zeug unter Pharaos Wagen vergleich ich dich mein Liebgen. Schön sind deine Backen in den Spangen, dein Hals in den Ketten. Spangen von Gold sollst du haben mit silbernen Pöcklein.

*

(5) So lang der König mich koset giebt meine Narde den Ruch.

*

2. S. (6) Ein Büschel Myrrhen ist mein Freund, zwischen meinen Brüsten übernachtend. Ein Trauben Kopher ist mir mein Freund in den Wingerten Engeddi.

*

(7) Sieh du bist schön meine Freundinn! Sieh du bist schön! Tauben Augen die deinen.

Sieh du bist schön mein Freund. Auch lieblich. Unser Bette grünt, unsrer Hütte Balken sind Cedren unsre Zinnen Cypressen.

*

(8) Ich bin die Rose im Thal! Bin ein May Blümgen! Wie die Rose unter den Dornen so ist mein Liebgen unter den Mädgen. Wie der Apfel= baum unter den Waldbäumen, ist mein Liebster unter den Männern. Seines Schatten begehr ich, nieder sizz ich und süß ist meinem Gaum seine Frucht. Er führt mich in die Kelter, über mir weht seine Liebe. Stüzzet mich mit Flaschen, pol= stert mir mit Aepfeln denn krank bin ich für Liebe. Seine linke trägt mein Haupt seine rechte herzt mich. Ich beschwör euch Töchter Jerusalems bey den Rehen, bey den Hinden des Feldes, rühret sie nicht, reget sie nicht meine Freundinn biß sie mag.

*

3. S. (9) Sie ists die Stimme meines Freundes. Er kommt! Springend über die Berge! Tanzend über die Hügel! Er gleicht mein Freund einer Hinde er gleicht einem Rehbock. Er steht schon an der Wand, siehet durchs Fenster gucket durchs Gitter! Da beginnt er und spricht: Steh auf meine Freundinn meine Schöne und komm. Der Winter ist vorbey, der Regen vorüber. Hin ist er! Blumen sprossen vom Boden, der Lenz ist gekommen, und der Turteltaube Stimme hört ihr im Lande. Der Feigenbaum knotet. Die Rebe duftet. Steh auf meine Freundinn meine Schöne, und komm. Meine Taube in den Steinrizzen im Hohlhort des Felshangs. Zeig mir dein Antliz, tön' deine Stimme, denn lieblich ist deine Stimme schön dein Antliz. Fahet uns die Füchse, die kleinen Füchse die die Wingerte verderben, die fruchtbaaren Wingerte.

*

(10) Mein Freund ist mein, ich sein, der unter Lilien weidet. Biss der Tag athmet, die Schatten

fliehen, wende dich, sey gleich mein Freund einer
Hinde einem Rehbock, auf den Bergen Bether

*

(11) Auf meiner Schlafstäte zwischen den Gebür= 4. S.
gen sucht ich den meine Seele liebt, sucht ihn, aber
fand ihn nicht. Aufstehen will ich und umgehen
in der Stadt, auf den Märckten und Strasen.
Suchen den meine Seele liebt, ich sucht ihn, aber
fand ihn nicht. Mich trafen die umgehenden Hüter
der Stadt: den meine Seele liebt, saht ihr ihn
nicht? Kaum da ich sie vorüber war fand ich den
meine Seele liebt, ich fass ihn ich lass ihn nicht.
Mit mir soll er in meiner Mutter Haus, in meiner
Mutter Kammer.

*

(12) Wer ist die herauf tritt aus der Wüsten wie
Rauch Säulen, wie Geräuch Myrrhen und Wey=
rauch, köstlicher Spezereyen.

*

(13) Schön bist du meine Freundinn, ja schön, Taubenaugen die deinen zwischen deinen Locken. Dein Haar wie blinckende Ziegenheerde auf dem Berge Gilead. Deine Zähne eine geschorene Heerde, aus der Schwemme steigend, all zwilings trächtig, kein Mißfall unter ihnen. Deine Lippen eine rosinfarbe Schnur, lieblich deine Rede! Wie der Riz am Granatapfel deine Schläfe zwischen deinen Locken. Wie der Turn David dein Hals, gebauet zur Wehre, dran hängen Tausend Schilde, alles Schilde der Helden. Deine beyden Brüste, wie Rehzwillinge die unter Lilien weiden. Völlig schön bist meine Freundinn kein Flecken an dir.

*

5. S. (14) Komm vom Libanon meine Braut, komm vom Libanon! Schau her von dem Gipfel Amana, vom Gipfel Senir und Hermon, von den Wohnungen der Löwen von den Bergen der Parden.

*

(15) Gewonnen hast du mich, Schwester liebe Braut, mit deiner Augen einem, mit deiner Hals-

ketten einer. Hold ist deine Liebe, Schwester liebe Braut! Trefflicher deine Liebe denn Wein, deiner Salbe Geruch über alle Gewürze. Honig triefen deine Lippen meine Braut, unter deiner Zunge sind Honig und Milch, deiner Kleider Geruch wie der Ruch Libanons. Schwester liebe Braut ein verschlossner Garten bist du, eine verschlossne Quelle ein versiegelter Born. Dein Gewächse ein Lustgarten Granatbäume mit der Würzfrucht, Cypern mit Narden, Narden und Saffran, Calmus und Cynnamen, allerley Weyrauch Bäume, Myrrhen und Aloe und all die trefflichsten Würzen. Wie ein Garten Brunn, ein Born lebendiger Wasser, Bäche vom Libanon. Hebe dich Nordwind, komm Südwind, durchwehe meinen Garten daß seine Würze triefen.

*

(16) Er komme in seinen Garten mein Freund G. S. und esse die Frucht seiner Würze!

Schwester liebe Braut ich kam zu meinem Garten, brach ab meine Myrrhen meine Würze. As meinen Seim meinen Honig, tranck meinen Wein meine Milch.

Eſſet Geſellen! Trincket, werdet truncken in
Liebe.

*

(17) Ich ſchlafe, aber mein Herz wacht. Horch!
die Stimme meines klopfenden Freundes: Oeffne
mir meine Schweſter, meine Freundinn, meine
Taube, meine Fromme, denn mein Haupt iſt voll
Thaus und meine Locken voll Nachttropfen. Bin
ich doch entkleidet, wie ſoll ich mich anziehen? hab
ich doch die Füſſe gewaſchen ſoll ich ſie wieder be=
ſudeln. Da reichte mein Freund mit der Hand
durchs Schalter und mich überliefs. Da ſtund
ich auf meinem Freunde zu öffnen, meine Hände
troffen von Myrrhen, Myrrhen liefen über meine
Hände an dem Riegel am Schloſſ. Ich öffnete
meinem Freund aber er war weggeſchlichen, hin=
gegangen. Auf ſeine Stimme kam ich hervor, ich
ſucht ihn und fand ihn nicht, rief ihm er antwortet
nicht. Mich trafen die umgehenden Wächter der
Stadt. Schlugen mich, verwundeten mich, nahmen
mir den Schleier die Wächter der Mauern.

*

(18) Ich beschwör euch Töchter Jerusalems. Findet 7. z.
ihr meinen Freund, wollt ihr ihm sagen daſſ ich für
Liebe franck bin. Was iſt dein Freund vor andern
Freunden du ſchönſte der Weiber, was iſt dein
Freund vor andern Freunden, daſſ du uns ſo be=
ſchwöreſt? Mein Freund iſt weis und roth auser=
kohren unter viel Tauſenden. Sein Haupt das
reinſte Gold ſeine Haarlocken ſchwarz wie ein Rabe.
Seine Augen Taubenaugen an den Waſſerbächen,
gewaſchen in Milch, ſtehend in Fülle. Würzgärtlein
ſeine Wangen, volle Büſche des Weyrauchs, ſeine
Lippen Roſen träufelnd köſtliche Myrrhen. Seine
Hände Goldringe mit Türckiſen beſezzt, ſein Leib
glänzend Elfenbein geſchmückt mit Sapphiren. Seine
Beine wie Marmorſäulen auf güldenen Sockeln.
Seine Geſtalt wie der Libanon, auserwehlet wie
Cedern. Seine Kehle voll Süſigkeit, er ganz
mein Begehren. Ein ſolcher iſt mein Liebſter,
mein Freund iſt ein ſolcher, o Töchter Jeru=
ſalems.

*

(19) Wohin ging dein Freund du schönste der Weiber. Wohin wandte sich dein Freund wir wollen ihn mit dir suchen. Mein Freund ging in seinen Garten hinab zu den Würzbeeten, sich zu weiden im Garten, Lilien zu pflücken. Mein Freund ist mein und ich bin sein der unter Lilien sich weidet.

*

8. S. (20) Schön bist du meine Freundinn wie Thirza! Herrlich wie Jerusalem! Schröcklich wie Heer= spizzen. Wende deine Augen ab von mir sie machen mich brünstig.

*

(21) Sechzig sind der Königinnen, achzig der Kebs= weiber, Jungfrauen unzählich. Aber Eine ist meine Taube, Eine meine Fromme. Die einzige ihrer Mutter, die köstliche ihrer Mutter. Sie sahen die Mädgen, sie priesen die Königinnen und Kebs= weiber, und rühmten sie.

*

(22) Wer ist die hervorblickt wie die Morgenröthe? Lieblich wie der Mond, rein wie die Sonne, furchtbaar wie Heerspizzen.

*

(23) Zum Nussgarten bin ich gangen zu schauen das grünende Thal. Zu sehen ob der Weinstock triebe, ob die Granatbäume blühten.

*

(24) Kehre! Kehre! Sulamith! Kehre! Kehre! Dass wir dich sehen. Seht ihr nicht Sulamith wie einen Reihen Tanz der Engel. Schön ist dein Gang in den Schuen o Fürstentochter, deiner Lenden gleiche Gestalt wie zwo Spangen, Spangen des Künstlers Meisterstück. Dein Nabel ein runder Becher der Fülle, dein Leib ein Weizenhaufen umstekt mit Rosen. Dein Hals ein Elfenbeinerner Turn, deine Augen wie die Teiche zu Hesben am Thore Bathrabbim, deine Nase der Turn Libanon schauend gegen Damaskus. Dein Haupt auf dir wie Carmel, deine Haarflechten wie Purpur des Königs in Falten gebunden. Wie schön bist du

wie lieblich! du Liebe in Wollüften. Deine Gestalt ist Palmen gleich, Weintrauben deine Brüste. Ich will auf den Palmbaum steigen, sagt ich, und seine Zweige ergreifen. Laß deine Brüste seyn wie Trauben am Weinstock, deiner Nasen ruch wie Aepfel. Dein Gaum wie guter Wein, der mir glatt eingehe, der die schlafenden geschwäzzig macht.

*

(25) Ich bin meinem Freunde, bin auch sein ganzes Begehren!

*

(26) Komm mein Freund laß uns aufs Feld gehn, auf den Landhäusern schlafen. Früh stehn wir auf zu den Weinbergen, sehen ob er der Weinstock blühe, Beeren treibe, Blüten die Granatbäume haben. Da will ich dich herzen nach Vermögen.

*

(27) Die Lilien geben den Ruch vor unsrer Thür sind allerley Würze, heurige, fernige. Meine Liebe bewahrt ich dir!

*

(28) Hätt ich dich wie meinen Bruder der meiner Mutter Brüste saugt. Fänd ich dich draus ich küsste dich, niemand sollte mich höhnen. Ich führte dich in meiner Mutter Haus dass du mich lehrtest! Tränckte dich mit Würzwein mit Mest der Gra=naten.

*

(29) Wer ist die heraufgeht aus der Wüsten, sich 10. S. gesellet zu ihrem Freund?

*

(30) Unterm Apfelbaum weck ich dich wo deine Mutter dich gebahr, wo dein pflegte die dich zeugte.

*

(31) Sezze mich wie ein Siegel auf dein Herz, wie ein Siegel auf deinen Arm. Denn starck wie der Todt ist die Liebe. Eifer gewaltig wie die Hölle. Ihre Glut Feuer Glut, eine fressende Flamme. Viel Wasser können die Liebe nicht löschen, Ströme sie nicht ersäufen. Böt einer all sein Haab und Gut um Liebe man spottete nur sein.

* * *

Die vorstehende Uebersetzung des Hohen Liedes, des Liedes der Lieder Salomo's, erscheint hier zum ersten Mal im Druck, nach Goethe's Handschrift, welche sich in meinem Besitze befindet. Es ist dieselbe, von der A. Schöll 1846 in seinen „Briefen und Aufsätzen von Goethe" (2. A. 1857) zuerst Nachricht gegeben hat. Die Uebertragung, wie anzunehmen, nicht aus dem hebräischen Original, obschon Goethe Hebräisch gelernt hatte, sondern aus dem lateinischen Text der Vulgata, mit Benutzung Luther's, fällt in den Herbst 1775, in die Zeit der erzwungenen Muße vor dem Abgange nach Weimar. Goethe schreibt an Merck etwa den 10. October dieses Jahrs: „Ich hab das Hohelied Salomons übersetzt, welches ist die herrlichste Sammlung Liebeslieder, die Gott erschaffen hat" (Merck's Briefe II, No. 22). Mit Herder (Salomo's Lieder der Liebe, 1778) legte Goethe daher der Dichtung einen rein lyrischen Charakter bei, während schon Origenes dieselbe als in modum *dramatis* abgefaßt annahm. Wie über die Form, so sind die Ausleger auch über den Inhalt getheilter Meinung. Goethe's Uebertragung, in's Besondere seine Auslassungen, gestatten den Schluß, daß er nicht den König Salomo, sondern den Hirten Aminadib als den begünstigten Liebhaber der Sulamith angesehn, also die jetzt herrschende Ansicht getheilt habe. Diese ist besonders gründlich entwickelt vom Professor Kämpf zu Prag in seinem Werke: Das Hohelied, aus dem hebräischen Originaltext ins Deutsche übertragen (1877), worauf ich nachstehend Bezug nehme.

Nach den von mir am Rande beigesetzten Zahlen enthält die Uebertragung 31 Lieder.

Im Verhältniß zur Bibel umfaßt:

No. 1, Vers 1 bis 4 des Ersten Kapitels. Goethe's

„Zeuch mich" 2c. lautet bei Kämpf deutlicher: „O zeug mich dir nach, Laß fort uns eilen."

No. 2 bilden V. 5 und 6 desselben Kapitels. Den Schluß erklärt Kämpf bildlich: „mein persönliches Interesse — z. B. die Wahrung ihrer von Natur so reinen und schönen Gesichtsfarbe —, habe ich vernachläßigen müssen."

No. 3 sind V. 7 und 8, No. 4, V. 9 bis 11 daselbst. Die „Pöcklein", nach Luther, sind silberne Buckel; bei Kämpf: „mit silbernen Punkten."

No. 5 ist V. 12, No. 6 V. 13 und 14 des Ersten Kapitels. Kämpf überträgt V. 13 etwas decenter als Luther und Goethe: „Mir ist mein Freund ein Myrrhenbündel, das auch des Nachts an meinem Busen ruht."

No. 7 bildet den Schluß des Ersten Kapitels, V. 15 bis 17. Statt Goethe's Zinnen hat Kämpf Getäfel, Luther Latten.

No. 8 enthält Kap. II, V. 1 bis 7. Goethe's zu buchstäbliches: „Stützet mich mit Flaschen, polstert mir mit Aepfeln," giebt Kämpf sinngemäß wieder mit: „Stärkt mich mit Traubensaft, labt mich mit Aepfelmost." Luther übersetzt den ersten Satz ganz frei: Erquicket mich mit Blumen, den zweiten wie Kämpf: labet mich mit Aepfeln.

Im Schluß folgt Goethe Luthern, während Kämpf: „Erreget nicht die Liebe."

No. 9 enthält V. 8 bis 15 desselben Kapitels. Statt „Lenz" bei Luther und Goethe liest Kämpf: die Zeit des Gesanges.

Goethe hat: in den Steinritzen, im Hohlhort des Felsenhangs.

Luther: in den Felslöchern, in den Steinritzen.

Kämpf: in des Felsens Spalte, in der Stiege Kluft, erklärt als treppenartiger Weg, Felsensteige.

No. 10 ist V. 16 und 17 daſ. Goethe läßt „Berge Bether" unüberſetzt, wo von Einigen Berge der Kluft, zerklüftete Berge, von Luther und Kämpf: Scheideberge, geleſen wird.

Statt Hinde, bei Goethe und Luther, hat Kämpf meiſt Gazelle.

No. 11 begreift V. 1 bis 4 des Dritten Kapitels. V. 5 hat Goethe ausgelaſſen als Wiederholung von V. 7 Kap. II.

No. 12 bildet den folgenden V. 6. „Geräuch" nach Luther. Kämpf überſetzt: „Umduftet von Myrrhe und Weihrauch." Goethe's „köſtliche Spezereien" iſt den übrigen Ueberſetzungen vorzuziehn.

V. 7 bis 11 von der Herrlichkeit Salomo's hat Goethe weggelaſſen, als nicht mit ſeiner Anſicht von den Liedern übereinſtimmend, bei der dramatiſchen Auffaſſung unentbehrlich.

No. 13 enthält V. 1 bis 5 und V. 7 des Vierten Kapitels; V. 6 blieb fort als Wiederholung von V. 17, Kap. II, von Kämpf beibehalten.

Goethe's: dein Haar wie blinkende Ziegenheerde, verdeutlicht Kämpf: dein Haar wie das der Gemſenheerde, die herſchimmert, während Luther: wie die Ziegenheerden, die beſchoren ſind.

Goethe's und Kämpf's: unter Lilien weiden, treuer als Luthers: unter Roſen; ebenſo in No. 19; nur in No. 24 behielt Goethe Luther's Roſen ſtatt Lilien bei.

No. 14 giebt V. 8 dieſes Kapitels, No. 15, V. 9 bis 16 wieder. Hier (V. 10) ſetzen Goethe und Kämpf zwei Mal „Liebe", wo Luther „Brüſte".

Goethe's: „Dein (deine?) Gewächſe ein Luſtgarten"

lautet bei Kämpf: Deine Setzlinge ein Paradies. Statt Goethe's „Cynamen", nach Luther, hat Kämpf die deutsche Form Zimmt.

No. 16 entspricht V. 17 des Vierten und V. 1 des Fünften Kapitels. „In Liebe" am Schlusse ist Goethe's Zusatz.

No. 17 enthält V. 2 bis 7 von Kap. V. Echt Goethisch ist hier „Schalter", statt Luther's „Loch" und Kämpf's „Gitter" und „mich überlief's", wo Luther liest: mein Leib erzitterte, und Kämpf gewählter: mein Inneres schlug für ihn.

No. 18 giebt die folgenden Verse 8 bis 16 wieder. Das undeutliche „stehend in Fülle", auf die braunen Augen des Hirten bezüglich, lautet bei andern Uebersetzern: „schön gefaßte Steine", bei Kämpf: „Jaspisse in der Fassung."

No. 19 beschließt das fünfte Kapitel und enthält zugleich V. 1 und 2 des Sechsten, No. 20, V. 3 und den Anfang von V. 4 dieses Kapitels. Das Ende von V. 4, sowie V. 5 und 6, als identisch mit V. 1 bis 3, Kap. IV, sind weggeblieben.

No. 21 bringt V. 7 und 8, No. 22 V. 9 und No. 23 V. 10 desselben Kapitels. Der folgende V. 11 ist, vielleicht als unverstanden, von Goethe weggelassen. Er lautet bei Luther: „Meine Seele wußte es nicht, daß er mich zum Wagen Aminadib gesetzt hatte," bei Kämpf: „Ich weiß nicht — mich machte meine Seele zum Wagen Aminadib's," d. h. bildlich, ich wußte nicht, daß mein Herz dem Hirten angehörte, daß ich sein, ihm untergeben war.

No. 24 enthält V. 12 des sechsten und V. 1. 2. und 4 bis 9 des Siebenten Kapitels. V. 3 fiel weg, als Wiederholung von V. 5 Kap. IV.

No. 25 begreift den V. 10, No. 26 die Verse 11 und 12, No 27 den Vers 13 desselben Kapitels.

In V. 12 liest Goethe: da will ich dich herzen nach Vermögen,

Kämpf: dort schenk' ich meine Liebe dir,

Luther: da will ich dir meine Brüste geben.

No. 28 enthält V. 1 und 2, N. 29 und 30 theilen sich
in V. 5 und No. 31 bildet V. 6 und 7 des Achten Kapitels. V. 3 und 4 desselben sind weggefallen als Wieder-
holungen von V. 6 und 7 Kap. II, ebenso der ganze Schluß
von V. 8 an, weil Goethe, gleich andern Interpreten, ihn
nicht zum Ganzen gehörig angesehn haben mochte. Auch
Umbreit hat ihn in seiner Uebertragung des Hohen Liedes
v. J. 1820 weggelassen, obwohl er die dramatische Auf-
fassung vertritt. Kämpf dagegen, dem Goethe vielfach in der
Milderung des in der Lutherschen Uebersetzung hervortreten-
den sinnlichen Kolorits vorangegangen ist, — um mehr als
ein Jahrhundert —, benutzt in seiner Gliederung des Liedes
als Drama die sieben Schlußverse zum Abschluß des Ganzen
durch die darin auftretenden Brüder Sulamiths. Auch
Ewald, Hitzig und Renan (in seiner Uebersetzung Paris,
1870) theilen den Umbreit-Kämpf'schen Standpunkt, während
Dan. Sanders, der Germanist, gleichzeitig Uebersetzer und
Ausleger unsrer Dichtung (schon 1845, dann 1866) auch
nach dem Erscheinen des Kämpf'schen Buchs in doppelter
Hinsicht abweicht, indem er in dem Liede ein Idyll zwischen
Sulamith und Salomo erblickt, formell also die frühere
Goethe-Herdersche Ansicht theilt, und inhaltlich den König
über den Hirten triumphiren läßt. Den allegorischen Standpunkt nimmt die theologische Orthodoxie, vornehmlich Hengsten-
berg, ein.

Obwohl Goethe mit seiner Uebersetzung zurückhielt, so
verlor er doch das Hohelied selbst nicht aus den Augen. In

seinem „Westöstlichen Divan" (Abschnitt: Hebräer) widmete er demselben eine kurze Besprechung, auf die auch Kämpf Bezug genommen hat. Sie enthält freilich nichts über die berührten beiden Streitfragen. Nach dem Erscheinen der Umbreit'schen Uebersetzung und Erklärung (Göttingen 1820) bekannte er sich jedoch in einem kleinen, erst nach seinem Tode veröffentlichten Aufsatz (Nachgel. Werke 1833 VI, 293; in der Hempel'schen Ausg. Bd. 29, S. 805) in beiden Beziehungen zu der Umbreit-Kämpf'schen Ansicht. Er sagt: „die Anlage und Ausführung ist dramatisch. Ein junges, schönes Hirtenmädchen, während es von seinen Brüdern zur Hüterin eines Weinbergs gestellt war, wird in Salomon's Frauengemach entführt. Der König liebt die schöne Schäferin unaussprechlich und bestimmt sie zu seiner ersten Gemahlin. Aber das Mädchen hat ihre Liebe schon einem jungen Hirten auf den Fluren der Heimath gewidmet. Bei ihm ist sie im Wachen und Träumen, und der Geliebte sehnt sich nach ihr. Nichts hilft es, daß Salomo sie zur ersten Königin einweiht, sie mit aller Pracht und höchsten Liebkosungen umgiebt. Sie bleibt kalt, und der König muß sie in ihre Thäler wieder ziehen lassen. Die sich wiederfindenden Liebenden besiegeln den Bund ewiger Treue ihrer Herzen unter dem Apfelbaum ihrer ersten süßen Zusammenkunft."

Ein Brief

von

Bettina an Goethe.

(Nach der Originalhandschrift.)

Liebe, liebe Tochter! Nenne mich ins künftige mit dem mir so theuren Namen Mutter, du verdienst ihn so sehr — so ganz und gar, mein Sohn sei dein inniggeliebter Bruder — dein Freund der dich gewiß liebt und pp.

Solge (sic) Worte schreibt mir Goethes Mutter; zu was berechtigen mich diese? — Auch brach es los wie ein Damm in meinem Herzen; — ein Menschenkind, das einsam steht auf einem Fels, von allen Winden und reißenden Ströhmen umbraus't, seiner selbsten ungewiß, hin= und her= schwankt auf schwachen Füßen; wie die Dornen und Disteln um es her — so bin ich! so war ich da ich meinen Herrn noch nicht erkannt hatte. Nun wend ich mich wie die Sonnenblume nach

(Nach Goethe's Briefwechsel mit einem Kinde. Thl. I.)

Kassel, den 15. Mai 1807.

Liebe, liebe Tochter! Nenne mich für alle Tage, für alle Zukunft mit dem einen Namen, der mein Glück umfaßt; mein Sohn sei dein Freund, Dein Bruder, der Dich gewiß liebt 2c.

Solche Worte schreibt mir Goethes Mutter; zu was berechtigen mich diese? — Auch brach es los wie ein Damm in meinem Herzen; — ein Menschenkind, einsam auf einem Fels, von Stürmen umbraus't, seiner selbst ungewiß hin- und herschwankend, wie Dornen und Disteln um es her — so bin ich; so war ich da ich meinen Herrn noch nicht erkannt hatte. Nun wend ich mich wie die Sonnenblume nach meinem Gott, und kann ihm mit dem von seinen Strahlen glühenden Angesicht meinem Gott, und kann ihm mit dem von seinen Strahlen glühenden Angesicht beweisen, daß er mich durchdringt. O Gott! darf ich auch? — und bin ich nicht allzu kühn?

Und was will ich denn? — erzählen, wie die herrliche Freundlichkeit mit der Sie mir entgegen kamen jetzt in meinem Herzen wuchert; alles andre Leben mit Gewalt erstickt? — wie ich immer muß hinverlangen wo mir's zum erstenmal wohl war? — Das hilft alles nichts — die Worte Ihrer Mutter! — Ich bin weit entfernt zu glau= ben, daß ich den Antheil besitze den ihre Güte mir zumißt — aber diese haben mich verblendet, und ich mußte zum wenigsten den Wunsch befriedigen, daß Sie wissen mögten, wie mächtig mich die Liebe in jedem Augenblick zu Ihnen hinwendet.

Auch darf ich mich nicht scheuen diesem Gefühl mich zu (sic) hinzugeben, denn ich wars nicht die mir es in das Herz pflanzte, ist es denn mein Wille wenn ich plötzlich aus dem augenblicklichen Gespräch hinüber getragen bin zu Ihren Füßen, dann setze ich mich an die Erde und lege den beweisen, daß er mich durchdringt. O Gott! darf ich auch? — und bin ich nicht allzu kühn?

Und was will ich denn? — erzählen, wie die herrliche Freundlichkeit, mit der Sie mir entgegen kamen jetzt in meinem Herzen wuchert? — alles andre Leben mit Gewalt erstickt? — wie ich immer muß hinverlangen wo mirs zum ersten Mal wohl war? — Das hilft alles nichts; die Worte Ihrer Mutter! — ich bin weit entfernt, Ansprüche an das zu machen was ihre Güte mir zudenkt, — aber diese haben mich geblendet; und ich mußte zum wenigsten den Wunsch befriedigen, daß Sie wissen möchten, wie mächtig mich die Liebe in jedem Augenblick zu Ihnen hinwendet.

Auch darf ich mich nicht scheuen einem Gefühl mich hinzugeben, das sich aus meinem Herzen hervordrängt wie die junge Saat im Frühling; — es mußte so sein, und der Saame war in mich gelegt; es ist nicht mein vorsätzlicher Wille, wenn ich oft aus dem augenblicklichen Gespräch zu Ihren

Kopf auf Ihren Schooß, oder ich drücke Ihre Hand an meinen Mund, oder ich stehe an Ihrer Seite und umfasse Ihren Hals, und es währt lange bis ich eine Stellung finde, in der ich verharre, dann fang ich an zu plaudern wie es meinen Lippen behagt, die Antwort aber die ich mir in Ihrem Namen gebe, spreche ich mit Bedacht aus: Mein Kind! mein artig gut Mädchen! liebes Herz! sag ich zu mir und wenn ich das bedenk, daß Sie vielleicht wirklich es sagen könnten wenn ich so vor Ihnen stände, dann schaudre ich vor Freude und Sehnsucht zusammen.

O wie viel hundertmal träumt man, und träumt besser als einem je wird. — Muthwillig und übermüthig bin ich auch zuweilen, und preise den Mann glücklich den die Bettine so sehr, sehr liebt; dann lächeln Sie und bejahen es in freundlicher Großmuth.

Füßen getragen bin; dann setze ich mich an die Erde und lege den Kopf auf Ihren Schooß, oder ich drücke Ihre Hand an meinen Mund, oder ich stehe an Ihrer Seite und umfasse Ihren Hals; und es währt lange bis ich eine Stellung finde, in der ich beharre. Dann plaudre ich wie es mir behagt; die Antwort aber die ich mich in Ihrem Namen gebe, spreche ich mit Bedacht aus: Mein Kind! mein artig gut Mädchen! liebes Herz! Ja, so klingt's aus jener wunderbaren Stunde herüber, in der ich glaubte von Geistern in eine andre Welt getragen zu sein; und wenn ich dann bedenke, daß es von Ihren Lippen so wiederhallen könnte, wenn ich wirklich vor Ihnen stände, — dann schaudre ich vor Freude und Sehnsucht zusammen.

O wie viel hundertmal träumt man, und träumt besser als einem je wird. — Muthwillig und übermüthig bin ich auch zuweilen, und preise den Mann glücklich der so sehr geliebt wird; dann lächeln Sie und bejahen es in freundlicher Großmuth.

Weh mir wenn dies alles nie zur Wahrheit
wird, dann wird mein Leben das Herrlichste ver=
missen. Ach, ist der Wein denn nicht die schönste
und heiligste unter allen himmlischen Gaben? —
Diesen werd ich vermissen, und werde das andre
nur gebrauchen wie hartes geistloses Wasser das
nicht nach mehr schmeckt.

Wie kann ich mich alsdann trösten? — mit
dem Lied etwa: „Im Arm der Liebe ruht sich's
wohl, wohl auch im Schooß der Erde?" — oder:
„Ich wollt ich läg und schlief zehntausend Klafter
tief." —

Ich wollt ich könnte meinen Brief mit einem
Blick in Ihre Augen schließen, schnell würde ich
Vergebung der Kühnheit herauslesen und diese
noch mit einsiegeln; ich würde dann nicht ängst=
lich sein über das kindische Geschwätz, das mir
doch so ernst ist. — O, Sie wissen wohl, wie
übermächtig, wie voll süßen Gefühls das Herz
oft ist, und die kindische Lippe kann das Wort

Weh mir! wenn dies alles nie zur Wahrheit wird, dann werd ich im Leben das Herrlichste vermissen. Ach, ist der Wein denn nicht die süßeste und begehrlichste unter allen himmlischen Gaben? daß wer ihn einmal gekostet hat, trunkner Begeistrung nimmer abschwören möchte. — Diesen Wein werd ich vermissen und alles andre wird mir sein wie hartes geistloses Wasser, dessen man keinen Tropfen mehr verlangt als man bedarf.

Wie werd ich mich alsdann trösten können! — mit dem Lied etwa: „Im Arm der Liebe ruht sich's wohl, wohl auch im Schooß der Erde?" — oder: „Ich wollt ich läg und schlief zehntausend Klafter tief." —

Ich wollt ich könnte meinen Brief mit einem Blick in Ihre Augen schließen; schnell würde ich Vergebung der Kühnheit herauslesen und diese noch mit einsiegeln; ich würde dann nicht ängstlich sein über das kindische Geschwätz, das mir doch so ernst ist. Da wird es hingetragen in rascher Eile viele Meilen; der Postillion schmettert mit vollem Enthusiasmus seine Ankunft in die Lüfte, nicht treffen, den Ton kaum, der es wiederklingen macht.

Bettine Brentano

Cassel, den
15. Juny
bei Hr. Jordis.

als wolle er frohlockend fragen: was bring ich!
— und nun bricht Goethe seinen Brief auf, und
findet das unmündige Stammeln eines unbedeu=
tenden Kindes. Soll ich noch Verzeihung fordern?
— O, Sie wissen wohl, wie übermächtig, wie voll
süßen Gefühls das Herz oft ist, und die kindische
Lippe kann das Wort nicht treffen, den Ton kaum,
der es wiederklingen macht.

Bettine Brentano.

Vierzehn Briefe

von

Goethe an Bettina.

1.

Weimar, den 24. Februar 1808.

Sie haben, liebe kleine Freundin, die sehr grandiose Manier uns Ihre Gaben immer recht in Masse zu senden. So hat mich Ihr letztes Paket gewissermaßen erschreckt. Denn wenn ich nicht recht haushälterisch mit dem Inhalte umgehe, so erwürgt meine kleine Hauskapelle eher daran, als daß sie Vortheil davon ziehen und uns Freude dadurch machen sollte. Sie sehen also, meine Beste, wie man sich durch Großmuth selbst dem Vorwurf aussetzen könne; lassen Sie sich aber nicht irre machen. Zunächst soll Ihre Gesundheit von der ganzen Gesellschaft recht ernstlich getrunken und darauf das Confirma hoc Deus von Jomelli angestimmt werden, so herzlich und wohl gemeint, als nur jemals ein salvum fac Regem.

Und nun gleich wieder eine kleine Bitte, damit

wir nicht aus der Uebung kommen. Senden Sie mir doch gelegentlich die jüdischen Broschüren. Ich möchte doch sehen wie sich die modernen Israeliten gegen die neue Städtigkeit gebehrden, in der man sie freilich als wahre Juden und ehemalige kaiserliche Kammerknechte traktirt. Mögen Sie etwas von den christlichen Erziehungsplänen beilegen, so soll auch das unsern Dank vermehren. Ich sage nicht, wie es bei solchen Gelegenheiten gewöhnlich ist, daß ich zu allen gefälligen Gegendiensten bereit sei, doch wenn etwas bei uns einmal reif wird was Sie freuen könnte, so soll es auch zu Ihnen gelangen.

Grüßen Sie Arnim vielmals und sagen ihm, er möchte mir doch auch einmal wieder schreiben

Goethe

(Adresse:)

An
Demoiselle Bettine Brentano
nach
Frankfurt am Main

Frank.

(mit Oblate geschlossen, Alles von Schreiber's Hand, außer der Unterschrift.)

Der Brief steht im Briefw. mit einem Kinde (Thl. I) unter dem Datum des 2. Januar 1808. Der Schlußabsatz: „Grüßen Sie Arnim" fehlt; statt dessen sind zehn Zeilen, freier Erfindung der Herausgeberin, eingerückt: „Liebstes Kind, verzeih daß ich mit fremder Hand schreiben mußte" u. s. w. Der übrige Theil des Briefs ist durch kleine Auslassungen nur wenig verändert.

2.

Die Dokumente philanthropischer Christen- und Judenschaft sind glücklich angekommen, und Ihnen soll dafür, liebe kleine Freundin, der beste Dank werden. Es ist recht wunderlich, daß man eben zur Zeit, da so viele Menschen todt geschlagen werden, die übrigen aufs beste und zierlichste aus= zuputzen sucht. Fahren Sie fort, mir von diesen heilsamen Anstalten, als Beschützerin derselben, mir (sic) von Zeit zu Zeit Nachricht zu geben. Dem braunschweigischen Judenheiland ziemt es wohl, sein Volk anzusehen wie es sein und werden sollte; dem Fürsten Primas ist aber auch nicht zu verdenken, daß er dies Geschlecht behandelt wie es ist, und wie es noch eine Weile bleiben wird.

Machen Sie mir doch eine Schilderung von Herrn Molitor. Wenn der Mann so vernünftig wirkt als er schreibt, so muß er viel Gutes erschaffen. Ihrem eignen philanthropischen Erziehungswesen aber wird Ueberbringer dieses, der schwarzäugige und braunleckige Jüngling empfohlen. Lassen Sie seine väterliche Stadt auch ihm zur Vaterstadt werden, so daß er glaube sich mitten unter den Seinen zu befinden. Stellen Sie ihn Ihren lieben Geschwistern und Verwandten vor, und gedenken Sie mein, wenn Sie ihn freundlich aufnehmen. Ihre Berg=, Burg=, Kletter= und Schaurelationen versetzen mich in eine schöne heitere Gegend, und ich stehe nicht davor, daß Sie nicht gelegentlich davon eine phantastische Abspiegelung in einer Fata Morgana zu sehen kriegen.

Da nun von August Abschied genommen ist, so richte ich mich ein, von Haus und der hiesigen Gegend gleichfalls Abschied zu nehmen und bald möglichst nach dem Carlsbader Gebirge zu wandeln.

Heute um die eilfte Stunde wird „confirma

hoc Deus" gesungen, welches schon sehr gut geht und großen Beifall erhällt.

Weimar, den 3. April 1808.

G.

(Alles von fremder Hand, außer dem G. der Unterschrift.)

Im Briefwechsel m. e. K. (Thl. I) mit dem richtigen Datum und ganz unverändert, nur daß die Anrede mit Sie in diejenige mit Du übertragen ist.

3.

Weimar den 20. April 1808.

Auch gestern wieder, liebe Freundin, hat sich aus Ihrem Füllhorn eine reichliche Gabe zu uns ergossen, grade zur rechten Zeit und Stunde, denn die Frauenzimmer waren in großer Ueberlegung, was zu einem angesagten Fest angezogen werden sollte. Nichts wollte recht passen, als eben das schöne Kleid ankam, das denn sogleich nicht geschont wurde.

Da unter allen Seligkeiten, deren sich meine Frau vielleicht rühmen möchte, die Schreibseligkeit die allergeringste ist: so verzeihen Sie, wenn sie nicht selbst die Freude ausdrückt, die Sie ihr gemacht haben. Wie mager es bei uns aussieht, fällt mir erst recht auf, wenn ich umherblicke und Ihnen doch auch einmal etwas Freundliches zuschicken möchte. Darüber will ich mir nun also weiter kein Gewissen machen und auch für die gedruckten Hefte danken.

Es war mir sehr angenehm zu sehen, daß man den finanzgeheimräthlichen, jacobinischen Israelssohn so tüchtig nach Hause geleuchtet hat. Können Sie mir den Verfasser der kleinen Schrift wohl nennen? Es sind treffliche einzelne Stellen drin, die in einem Plaidoyer von Beaumarchais wohl hätten Platz finden können. Leider ist das Ganze nicht rasch, kühn und lustig genug geschrieben, wie es hätte sein müssen, um jenen Humanitätsalbaber vor der ganzen Welt ein= für allemal lächerlich zu machen. Nun bitte ich aber noch um die Judenstädtigkeit selbst, damit ich ja nicht zu bitten und zu verlangen aufhöre.

Was Sie mir von Molitor zu sagen gedenken, wird mir sehr angenehm sein. Auch durch das Letzte was Sie von ihm schicken, wird er mir merkwürdig, besonders durch das was er von der Pestalozzischen Methode sagt.

Leben Sie recht wohl! Haben Sie tausend

Dank für die gute Aufnahme des Sohns, und bleiben Sie den Eltern günstig.

G.

(Von fremder Hand, mit Aus=
nahme des G. am Schluß.)

Mit demselben Datum im Briefwechsel. Mehrfach ver=
ändert. Die Anrede mit Sie in die mit Du umgesetzt;
nach dem zweiten Absatze die Stelle eingeschoben: „wie für
Manches, wovon ich noch jetzt nicht weiß, wie ich mich seiner
würdig machen soll. Das wollen wir denn mit bescheidenem
Schweigen übergehen, und uns lieber abermals zu den Juden
wenden, die jetzt in einem entscheidenden Moment zwischen
Thür und Angel stecken, und die Flügel schon sperren, noch
ehe ihnen das Thor der Freiheit weit genug geöffnet ist."
Den „Eltern" des Schlusses ist der „Vater" substituirt.

4.

Da sich der durchreisende Passagier entfernt hat, so ist es billig, daß der Vater Ihnen den besten Dank sage für alle das Freundliche und Gute was Sie ihm erzeigt haben. Ich hoffe, er wird Ihnen bis zu Ende werth geblieben sein.

Möchten Sie denn nun auch, meine liebe kleine Freundin, gelegentlich meinen Dank, meine Verehrung unserm vortrefflichen Fürsten Primas ausdrücken, daß er meinen Sohn so über alle Erwartung geehrt und der braven Großmutter ein so reizendes Fest gegeben. Ich sollte wohl selbst dafür danken, aber ich bin überzeugt, Sie werden Das was ich zu sagen habe viel artiger und anmuthiger, wenn auch nicht herzlicher vortragen.

Und nun, da Sie einmal wohl meine Dankträgerin seyn wollen, so sagen Sie Herrn von Arnim auch recht viel schönes. Er hat mir seine wunderliche Zeitung geschickt, worin mich manches gar freundlich anspricht. Ich wünsche daß er wohl damit fahren möge.

Wenn ich in Carlsbad zur Ruhe bin, so soll er von mir hören. Ihrer wird oft, besonders neuerlich bei den schönen Granaten öfters dankbar gedacht, und wenn ich allein bin wird mir ein Brief von Ihnen in Carlsbad bey den drey Mohren ein willkommener Besuch seyn. Erzählen Sie mir ja recht viel von Ihren Reisen, Land= parthien, alten und neuen Besitzungen und erhalten Sie mir ein freundliches Andenken.

G.

Weimar den 4. May 1808.

(Adresse:)

An

Demoiselle Bettina Brentano

nach

Frankfurt am Main

franko.

(Bis auf das Schluß=G. Brief und Convert ganz von fremder Hand, mit Oblate gesiegelt.)

Von diesem Briefe finden sich nur der erste und der letzte Absatz, beide ganz verändert, unter demselben Datum im Briefwechsel. Der zweite und dritte Absatz sind weggeblieben, und der Wegfall der Beziehung auf Achim von Arnim und seine Einsiedler-Zeitung hatte zur Folge, daß auch im letzten Absatz die Adressatin an Stelle von Arnim trat. Dem Briefe ist in der gedruckten Correspondenz ein selbständiger Brief: „Du zürnst auf mich" u. s. w. vorgesetzt, offenbar eine spätere Erfindung. Wegen des Sonetts s. Einleitung. Der Schluß oben ist von Bettina frei verwandt zum Schluß des in der Korrespondenz folgenden, vom 7. Juni (1808) datirten Goethischen Briefs.

5.

Du bist sehr liebenswürdig, gute Bettine, daß du dem schweigenden Freunde immer einmal wieder ein lebendig Wort zusprichst, ihm von deinen Zuständen und von den Localitäten in denen du umherwandelst einige Nachricht giebst, ich vernehme sehr gern wie dir zu Muthe ist und meine Einbildungskraft folgt dir mit Vergnügen sowohl auf die Bergeshöhen als in die engen Schloß= und Klosterhöfe. Gedenke meiner auch bei den Eydexen und Salamandern.

Eine Danksagung meiner Frau wird bei dir schon eingelaufen sein, deine unerwartete Sendung hat unglaubliche Freude gemacht und ist jede einzelne Gabe bewundert und hochgeschätzt worden. Nun muß ich auch schnell für die mehreren Briefe danken die du mir geschrieben hast und die mich*)

---
*) Goethe schrieb: mir mich.

in meiner Carlsbader Einsamkeit angenehm über=
raschten und unterhielten.

Damals schickte ich ein Blätchen an dich
meiner Mutter, ich weiß nicht ob du es erhalten
hast. Diese Gute ist nun von uns gegangen und
ich begreife wohl wie Frankfurt dir dadurch ver=
ödet ist. Meine Frau war dort, es ist ihr wohl
gegangen, doch hat sie dich recht eigentlich ver=
mißt, dagegen hat sie dein Andenken von München
her sehr erfreut.

H. v. Humboldt hat uns viel von dir erzählt.
Viel das heißt oft. Er fing immer wieder von
deiner kleinen Person zu reden an, ohne daß er
so was recht eigentliches hätte zu sagen gehabt,
woraus wir denn auf ein eignes Interesse schließen
konnten. Neulich war ein schlanker Architekt von
Cassel hier, auf den du auch magst Eindruck ge=
macht haben.

Dergleichen Sünden magst du denn mancherlei
auf dir haben, deswegen du verurtheilt bist
Gichtbrüchige und Lahme zu warten und zu pfle=
gen. Ich hoffe jedoch das soll nur eine vorüber=

gehende Büßung werden, damit du dich des Le=
bens desto besser und lebhafter mit den Gesunden
freuen mögest.

Laß uns von Zeit zu Zeit ein Wort verneh=
men, es thut immer seine gute und freundliche
Wirkung. Meine Frau hör ich hat dich eingela=
den, das thue ich nicht und wir haben wohl beide
recht. Lebe wohl, grüße freundlich die freundlichen
und bleib uns Bettine.

G.

Weimar, den 22. Februar 1809.

(Ganz eigenhändig.)

Unter dem richtigen Datum im Briefw. (Thl. II). Ab=
gesehn von kleinen Aenderungen ist dort Zusatz: a) am Ende
des zweiten Absatzes die Stelle: „so waren mir besonders
Deine Explosionen über Musik interessant, so nenne ich diese
gesteigerten Anschauungen Deines Köpfchens die zugleich den
Vorzug haben auch den Reiz dafür zu steigern;" b) nach
dem zweitfolgenden Satze eine volle Seite: „Alles was Du
mittheilen willst über Herz und Sinn der Mutter — bin
ich Dir Dank schuldig," wogegen die Stelle von Goethe's
Frau gestrichen ist; c) im letzten Absatz an Stelle des ersten
Satzes folgende Erfindung: „Bring nun mit Deiner reichen
Liebe alles wieder in's Geleis einer mir so lieb gewordenen

Gewohnheit, lasse die Zeit nicht in solchen Lücken verstreichen, lasse von Dir vernehmen, es thut immer seine gute und freundliche Wirkung, wenn auch der Gegenhall nicht bis zu Dir hinüberdringt; so verzichte ich doch nicht darauf, Dir Beweise ihres Eindruckes zu liefern, an denen Du selbst ermessen magst ob die Wirkung auf meine Einbildungskraft den Zaubermitteln der Deinigen entspricht;" d) am Schlusse „mir" statt „uns".

6.

Ihr Bruder Clemens, liebe Bettine, hatte mir bei einem freundlichen Besuche den Albrecht Dürer angekündigt so wie auch in einem Ihrer früheren Briefe desselben gedacht war. Nun hoffte ich jeden Tag darauf, weil ich an diesem guten Werke viel Freude zu erleben gedachte, und wenn ich mir's auch nicht zugeeignet hätte, es doch gern würde aufgehoben haben bis Sie gekommen wären es abzuholen. Nun muß ich Sie bitten, wenn wir es nicht für verloren halten sollen, sich genau um die Gelegenheit zu erkundigen, durch welche es gegangen, damit man etwa bei den verschiedenen Spediteurs nachkommen kann, denn aus Ihrem heutigen Briefe sehe ich, daß es Fuhrleuten abgeliefert worden. Sollte es inzwischen ankommen, so erhalten Sie gleich Nachricht.

Der Freund, welcher die Kölner Vignette gezeichnet, weiß was er will, und versteht mit Feder und Pinsel zu handthieren, das Bildchen hat mir einen freundlichen guten Abend geboten.

Franz Bader'n werden Sie schönstens für das gesendete danken. Es war mir von den Aufsätzen schon manches einzelne zu Gesicht gekommen. Ob ich sie verstehe, weiß ich selbst kaum, allein ich konnte mir manches daraus zueignen. Daß Sie meine Unart gegen den Maler Kloz durch eine noch größere, die Sie mir verziehen haben, ent= schuldigt, ist gar löblich und hat dem guten Mann gewiß besonders zur Erbauung gedient. Etwas von seinen Tafeln möchte ich freilich sehn. Was er mir geschickt, ist schwer zu beurtheilen.

Wie viel hätte ich nicht noch zu sagen, wenn ich auf Ihren vorigen lieben Brief zurückgehen wollte? Gegenwärtig nur so viel von mir, daß ich mich in Jena befinde, und vor lauter Ver= wandtschaften nicht recht weiß, welche ich wäh= len soll.

Wenn das Büchlein, das man Ihnen ange= kündigt hat, zu Ihnen kommt, so nehmen Sie es freundlich auf. Ich kann selbst nicht dafür stehen was es geworden ist.

Verzeihe mir liebe Bettine, daß ich dir durch eine fremde Hand schreibe, sonst komme ich gar nicht dazu. Deine Briefe machen mir viel Freude, fahre fort an mich zu denken und mir etwas von deinem wunderlichen Leben zu sagen, besonders aber suche dem Albrecht Dürer auf die Spur zu kommen.

Goethe.

Jena den 11. September 1809.

(Die ersten 5 Absätze von fremder, der letzte von eigner Hand.)

Der 1., 2., 4. und 5. Absatz ganz unverändert im Briefwechsel (Thl. II) ebenso das Datum. Im 3. Absatz sind die beiden kleinen Schlußsätze weggeblieben und statt dessen sieben Zeilen neu eingerückt: „Die Tafel ist wohlbehalten angekommen" u. s. w., vielleicht herübergenommen aus einem andern Goethischen Briefe. Statt des eigenhändigen 6. Absatzes finden sich 17 Zeilen, wie es scheint, eigner Erfindung. Jedenfalls konnte Goethe am 11. September noch nicht auf eine Stelle über die Wahlverwandtschaften in Bettina's Brief vom 9. desselben Monats antworten.

7.

Heute bitt' ich endlich einmal um Verzeihung, liebe Bettine, wie ich es schon oft hätte thun sollen. Ich habe dir wegen des Bildes vergebne Sorge gemacht. Es ist in Weimar wirkl. angekommen und nur durch Zufall und Vernachläßigung kam die Nachricht nicht an mich herüber. Nun soll es mich bey meiner Rückkehr in deinem Nahmen freundlichst empfangen und mir ein guter Wintergeselle werden. · Auch solange bey mir verweilen bis du zu uns kommst es abzuhohlen. Laß uns bald wieder von dir vernehmen. Meine Frau grüßt aufs beste. August kommt Anfang October von Heidelberg zurück wo es ihm ganz wohlgegangen ist. Auch hat er eine Rheinreise bis Coblenz gemacht. Lebe unsrer gedenck.

Jena d. 15. Sept. 1809.   G.

(Ganz eigenh., ebenso die Adresse des mit einem Amor gesiegelten Couverts:)

An

Demoiselle Bettine Brentano

nach

München.

franf Nürnberg

(statt Nürnberg hat der Postbeamte: Bamberg, statt München Landshut gesetzt.)

Unter demselben Datum im Briefwechsel. Dort ist an Stelle von Goethe's Frau der Herzog getreten, und Z. 10 statt „uns" mir, im Schlusse statt „unser" meiner gesetzt. Bemerkenswerth ist der die Tyroler Ereignisse betreffende Zusatz: „Der Herzog grüßt Dich aufs beste, einiges muß ich ihm auch diesmal aus Deinem schönen Fruchtkranz von Neuigkeiten zukommen lassen. Er ist Dir mit besonderer Neigung zugethan, und besonders was die Schilderung von Kriegsscenen anbelangt, theilt er vollkommen Deine enthusiastische An= und Umsichten; erwartet aber auch nur ein tragisches Ende."

8.

Man kann sich mit dir, liebe Bettine, in keinen Wettstreit einlassen, du übertriffst die Freunde mit Wort und That, mit Gefälligkeiten und Gaben, mit Liebe und Unterhaltung; das muß man sich dann also gefallen lassen und dir dagegen so viel Liebe zusenden als möglich und wenn es auch im Stillen wäre.

Deine Briefe sind mir sehr erfreulich, sie erinnern mich an die Zeit, da ich vielleicht so närrisch war wie du, aber gewiß glücklicher und besser als jetzt.

Dein hinzugefügtes Bild ward gleich von jedermann erkannt und gebührend begrüßt. Es ist sehr natürlich und kunstreich dabei, ernst und lieblich. Sage dem Künstler etwas freundliches darüber und zugleich: er möge ja fortfahren sich im Radiren nach der Natur zu üben. das Unmittel=

bare fühlt sich gleich. Daß er seine Kunstmaximen
dabei immer im Auge habe, versteht sich von
selbst. Ein solches Talent müßte sogar lucrativ
werden, es sei nun daß der Künstler in einer
großen Stadt wohnte; oder darauf reiste. In Paris
hatte man schon etwas ähnliches. Veranlasse ihn
doch noch jemand vorzunehmen den ich kenne, und
schreibe seinen Nahmen, vielleicht gelingt ihm nicht
alles wie das interessante Bettinchen, fürwahr sie
sitzt so treulich und herzlich da, daß man dem
etwas korpulenten Wintergarten, der übrigens im
Bilde recht gut komponirt, seine Stelle beneiden
muß. Das zerknillte Blättchen habe ich sogleich
aufgezogen, mit einem braunen Rahmen umstrichen
und so steht es vor mir indem ich dies schreibe.
Sende ja bald bessere Abdrücke.

Albrecht Dürer wäre ganz glücklich angekom=
men, wenn man nicht die unselige Vorsicht gehabt
hätte feines Papier oben auf zu packen, das denn
im Kleide an einigen Stellen gerieben hat, die
jetzt restaurirt werden. Die Kopie verdient alle
Achtung; sie ist mit großem Fleis und einer ern=

sten, redlichen Absicht verfertigt, das Original möglichst wieder zu geben. Sage dem Künstler meinen Dank, dir sage ich ihn täglich, wenn ich das Bild erblicke. Ich möchte von diesem Pinsel wohl einmal ein Portrait nach der Natur sehen.

Da ich das Wort Natur abermals niederschreibe; so fühle ich mich gedrungen dir zu sagen: daß du doch dein Naturevangelium das du den Künstlern predigst, in etwas bedingen möchtest. Denn wer ließe sich nicht von einer holden Pythonisse gern in jeden Irrthum führen. Schreibe mir ob dir der Geist sagt was ich meine. Ich bin am Ende des Blatts und bitte dich nur noch durch Uebersendung Durantischer und Marcellischer Compositionen abermals lieblich in meinem Hause zu spuken.

Goethe.

W.(eimar) d. 3. Nov. 1809.

(Ganz eigenhändig.)

Im Briefw. (Thl. II) unter demselben Datum. — Der 3. Absatz ist bereits bei Ersch und Gruber unter Ludwig

Emil Grimm (dem Maler obigen Bildes) abgedruckt. Arnim's „Wintergarten" v. J. 1809, welchen Bettina auf dem Bilde im Arm hält, heißt im Briefwechsel einfach „Buch." Dort sind in dem letzten Satz die charakteristischen Worte zugesetzt: (Ich) „nehme dies zum Vorwand, daß ich verschweige was ich zu sagen keinen Vorwand habe," dann ist ein neuer Abschnitt von fast einer Seite hinzugefügt, worin Goethe von einer ihn an Bettina erinnernden Dame erzählt, die er im Elephanten zu Weimar aufgesucht, daß er, nach der ererbten prophetischen Gabe, seitdem auf eine Ueberraschung durch Bettina hoffe u. s. w.

9.

Deine Schachtel, liebe Bettine, ist wie eine Glücksbombe in's Haus gefallen und hat einen herrlichen Effeckt gethan. Meine Frau mag dir selbst schreiben wie verlegen sie um ein Maskenkleid gewesen und wie erfreut sie bey Eröffnung der Schachtel war. Dein lieber Brief mußte als der schönste Schmuck des Ganzen angesehen werden. Nimm in diesen wenigen Worten meinen Dank für deine nie versiegende Liebe, dein immer lebendiges Andencken an die Gegenwärtigen, deine Treue für die Vergangnen. Dein Albrecht Dürer wohl restaurirt und eingerahmt, hängt an der Wand zur Lust aller Kunstfreunde und Patrioten. Lebe wohl und laß bald wieder von dir hören.

W.(eimar) d. 5. Febr. 1810.   G.

(Ganz eigenhändig.)

Im Briefw. (Thl. II) unter demselben Datum, jedoch
ganz verändert. Schon 1861 habe ich beide Briefe, den
ursprünglichen und den umgearbeiteten neben einander, in den
Blättern für literar. Unterhaltung (v. 7. Nov.) abdrucken
lassen. Der von Bettina umgearbeitete Brief stehe hier zur
Vergleichung ganz:

Das ist ein liebes, feines Kind, listig wie ein Füchschen,
mit einer Glücksbombe fährst du mir in's Haus, in der du
deine Ansprüche und gerechte Klagen versteckst. Das schmet=
tert einen denn auch so nieder, daß man gar nicht daran
denkt sich zu rechtfertigen. — Die Weste, innen von wei=
chem Sammt, außen glatte Seide, ist nun mein Bußgewand,
je behaglicher mir unter diesem wohlgeeigneten Brustlatz wird,
je bedrängter ist mein Gewissen, und wie ich gar nach zwei
Tagen zufällig in die Westentasche fahre und da das Register
meiner Sünden herausziehe, so bin ich denn auch gleich ent=
schlossen, keine Entschuldigungen für mein langes Schweigen
aufzusuchen. Dir selbst aber mache ich es zur Aufgabe, mein
Schweigen bei deinen so überraschenden Mittheilungen auf
eine gefällige Weise auszulegen, die Deiner nie versiegenden
Liebe, Deiner Treue für gegenwärtiges und vergangnes auf
verwandte Weise entspricht. Ueber die Wahlverwandtschaften
nur dies: der Dichter war bei der Entwickelung dieser herben
Geschicke tief bewegt, er hat seinen Theil Schmerzen getragen,
schmäle daher nicht mit ihm, daß er auch die Freunde zur
Theilnahme auffordert. Da nun so manches traurige unbe=
klagt den Tod der Vergangenheit stirbt, so hat sich der
Dichter hier die Aufgabe gemacht, in diesem einen erfun=
denen Geschick, wie in einer Grabesurne, die Thränen für
manches versäumte zu sammeln. Deine tiefen, aus dem Geist
und der Wahrheit entspringende Ansichten gehören jedoch zu

den schönsten Opfern, die mich erfreuen, aber niemals stören können, ich bitte daher recht sehr, mit gewissenhafter Treue dergleichen dem Papier zu vertrauen, und nicht allenfalls in Wind zu schlagen wie bei Deinem geistigen Commers und Ueberfluß an Gedanken leichtlich zu befahren ist. Lebe wohl und lasse bald wieder von dir hören.

10.

Von dir liebe Bettine habe ich sehr lange nichts gehört und kann meine Reise in's Carlsbad ohnmöglich antreten, ohne dich nochmals zu begrüßen und dich zu ersuchen, mir dorthin ein Lebenszeichen zu geben. Deine Briefe wandern mit mir, sie sollen mir dort dein freundliches, liebevolles Bild vergegenwärtigen. Mehr sage ich nicht, denn eigentlich kann man dir nichts geben, weil du dir alles entweder schaffst oder nimmst. Lebe wohl und gedenke mein.

Goethe.

(Siegel: ein kleiner Amor)

Jena, den 10. Mai 1810.

   (Adresse:)

      An Demoiselle
      Bettine Brentano
  bey Hrn. Geh. R. v. Savigny.
Landshut

(Alles eigenhändig.)

So im Briefw. (Thl. II), nur mit dem erfundenen Zu=
satze nach dem ersten Punkt: „möge ein guter Genius Dir
diese Bitte an's Herz legen, da ich nicht weiß wo Du bist,
so muß ich schon meine Zuflucht zu höheren Mächten
nehmen."

11.

Deine Briefe, allerliebste Bettine sind von der Art daß man jederzeit glaubt der letzte sey der interessanteste. So gings mir mit den Blättern die du mitgebracht hattest, und die ich am Morgen deiner Abreise fleißig las und wieder las. Nun aber kam dein letztes das alle die andern übertrifft. Kannst du so fortfahren dich selbst zu überbieten so thue es. Du hast so viel mit dir fort genommen, daß es wohl billig ist etwas aus der Ferne zu senden. Gehe dir's wohl.

(Eigenh. ohne Datum und Unterschrift.)

Deinen nächsten Brief muß ich mir unter gegenüberstehender Adresse erbitten, wie ominös! O weh! was wird er enthalten?

durch Herrn
Hauptmann von Verlohren
in
Dresden.

(Eigenhändig auf besonderm Zettel.)

So im Briefwechsel des Jahrs 1810, mit Datum: Töplitz, fast ganz unverändert.

12.

Nun bin ich, liebe Bettine, wieder in Weimar ansäßig und hätte dir schon lange für deine lieben Blätter danken sollen, die mir alle nach und nach zugekommen sind, besonders für dein Andenken vom 27. August. Anstatt nun also dir zu sagen wie es mir geht wovon nicht viel zu sagen ist, so bring ich eine freundliche Bitte an dich. Da du doch nicht aufhören wirst mir gern zu schreiben, und ich nicht aufhören werde dich gern zu lesen; so könntest du mir noch neben her einen Gefallen thun. Ich will dir nämlich bekennen daß ich im Begriff bin meine Bekenntnisse zu schreiben, daraus mag nun ein Roman oder eine Geschichte werden, das läßt sich nicht voraussehn; aber in jedem Fall bedarf ich deiner Beihülfe. Meine gute Mutter ist abgeschieden, und so manche andre die mir das Vergangne wieder hervorrufen könnten, das ich meistens vergessen habe. Nun hast du eine schöne Zeit mit der theuern Mutter gelebt, hast ihre Mährchen und Anekdoten wiederholt vernommen, und trägst und hegst alles im frischen belebenden Gedächniß. Setze dich also nur gleich hin und schreibe nieder was sich auf mich und die Meinigen bezieht, und du wirst mich dadurch sehr erfreuen und verbinden. Schicke von Zeit zu Zeit etwas, und sprich mir dabei von dir und deiner Umgebung. Liebe mich bis zum Wiedersehn.

G.

W(eimar). am 25. Oktober 1810.

(Ganz eigenhändig.)

Unter demselben Datum im Briefw. (Thl. II) unverändert; nur vor. Seite Z. 5 28. August, Z. 8 gerne und Z. 15 voraussehen.

13.

Hier die Duette! In diesem Augenblick habe ich nicht mehr Fassung u. Ruhe, als Dir zu sagen: fahre fort so lieb u. anmuthig zu sein. Laß mich nur bald taufen! Adieu.

G.

d. 12. Nov. 1810.

(Eigenhändig.)

Unter demselben Datum unverändert im Briefwechsel (Thl. II).

14.

Du erscheinst von Zeit zu Zeit, liebe Bettine, als ein wohlthätiger Genius, bald persönlich, bald mit guten Gaben. Auch diesmal hast du viel Freude angerichtet, wofür dir der schönste Dank von allen abgetragen wird. Möge dir es recht wohl ergehn und alles was du dir gelobst und dir gelobt wird Glück und Segen bringen.

Daß du mit Zeltern dich näher gefunden hast, macht mir viel Freude. Du bist vielseitig genug, aber auch manchmal ein recht beschränkter Eigensinn, und besonders was die Musik betrifft hast du wunderliche Grillen in deinem Köpfchen erstarren lassen, die mir insofern lieb sind weil sie dein gehören, deswegen ich dich auch keineswegs deshalb meistern noch quälen will.

Von den guten Sachen die ich dir verdanke, ist schon gar manches einstubirt und wird oft wie=

derholt. Ueberhaupt geht unsre kleine musikalische Anstalt diesen Winter recht ruhig und ordentlich fort. Eine sehr schöne und öfter wiederholte Vorstellung des Achille von Pär haben wir auch gehabt. Brizzi von München war vier Wochen hier und jedermann war zufrieden.

Von mir kann ich dir wenig sagen als daß ich mich wohl befinde, welches denn auch sehr gut ist. Für lauter Aeußerlichkeiten hat sich von innen nichts entwickeln können. Ich denke das Frühjahr und einige Einsamkeit wird das Beste thun. Ich danke dir zum schönsten für das Evangelium juventutis, wovon du mir einige Pericopen gesendet hast. Fahre fort von Zeit zu Zeit wie es dir der Geist eingiebt.

Und nun lebe wohl und habe nochmals Dank für die warme Glanzweste. Meine Frau grüßt und dankt zum schönsten. Riemer hat wohl schon selbst geschrieben. Jena, wo ich mich auf vierzehn Tage hinbegeben.

Den 11. Januar 1811. G.

(Eigenhändig.)

Dieß der letzte Brief Goethe's in der gedruckten Korrespondenz, dort unter demselben Datum, aber verändert. Der dritte Satz des ersten Alinea ist weggelassen, der Wegfall jedoch durch Punkte angedeutet. Der Anfang des zweiten Absatzes lautet dort: „Daß Du mit Zeltern manchmal zusammen bist, ist mir lieb, ich hoffe immer noch, Du wirst Dich noch besser in ihn finden, es könnte mir viel Freude machen." In Absatz 3. hat Bettina die beiden Sätze vom Achille und von Brizzi gestrichen, dagegen zu Absatz 2. folgendes in Goethe's Munde Unmögliche erfunden: „im Gegentheil wenn ich Dir ein unverholnes Bekenntniß machen soll, so wünsch ich Deine Gedanken über Kunst überhaupt wie über die Musik mir zugewendet. In einsamen Stunden kannst Du nichts bessers thun, als Deinem lieben Eigensinn nachhängen und ihn mir trauen, ich will Dir auch nicht verhehlen, daß Deine Ansichten trotz allem absonderlichen einen gewissen Anklang in mir haben, und so manches was ich in früherer Zeit wohl auch in seinem Herzen getragen wieder anregen, was mir denn in diesem Augenblick sehr zu statten kommt; bei Dir wäre sehr zu wünschen, was die Weltweisen als die wesentlichste Bedingung der Unsterblichkeit fordern, daß nämlich der ganze Mensch aus sich heraustreten müsse an's Licht. Ich muß Dir doch auf's dringenste anempfehlen, diesem weisen Rath so viel wie möglich nachzukommen, denn obschon ich nicht glaube, daß hierdurch alles Unverstandne und Räthselhafte genügend gelöst würde, so wären doch wohl die erfreulichsten Resultate davon zu erwarten."

Berichtigungen und Nachträge.

1. zu S. 10 Zeile 4 von unten. Der Ort heißt: Schweigern.

2. zu S. 12 Zeile 3. Statt „Weimar" ist zu lesen: Erfurt.

3 zu S. 14. „Leuchsenrings wunderbare Geschichten." Merck schrieb am 16. März 1772 an Sophie von Leuchsenring: „Er war bei seinem ganzen Hiersein mit uns Allen nicht zufrieden. Er fand, daß wir uns Alle um einander in Linien bewegten, die für ihn, der so zu sagen wie ein neuer Ankömmling unter uns trat, zu excentrisch waren. Wir hatten Alle entweder neue Verbindungen geknüpft oder ältere fester gezogen, so daß Er seine ganze Wirthschaft wirklich verstellt fand. Er fing also an aufzuräumen, und nahm dazu den großen Borstwisch des Raisonnements bei sammtenen Weiberseelen, die man wirklich nicht à contrepoil traktiren darf. Seine große Arbeit war, Herbern in der Seele der Mädchen auszuthun, und er hatte nichts an die Stelle zu setzen" (Ungedr.).

4. zu S. 36. „Apotheose Brechters", die ich jedoch in „Rosalien's Briefen" wie sie gedruckt vorliegen nicht nachweisen kann, dürfte doch richtig sein. Der „Diakonus Brechter" war zu Ende des Jahres 1772 verstorben, wie ein Brief von Sal. Geßner vom 2. December 1772 über den Verlag der Mönchsbriefe ergiebt. Es lag daher für Sophie nahe, an seine Apotheose zu denken.

5. zu S. 64. Die Vermuthung über den Sinn der Worte Anecht Sill halte ich nicht aufrecht, da die für Rechnung des Grafen von Wied zu Neuwied von dem Schweizer Bar betriebene Porzellanfabrik diejenige gewesen sein muß, von der Lavater Waaren entnommen hatte (s. Björnstähls Reisen Bd. V. S. 311).

Statt No. 29 ist hier (Zeile 5 v. u.) zu lesen: No. 30.

6. zu S. 74 u. 75. Der Brief No. 26 wird, obwohl die Handschrift deutlich „d. 15. S." datirt, auf den 15. Oktober (nicht September) 1774 zu setzen sein. Er wäre dann zwischen No. 28 und 29 einzuordnen.

7. zu S. 88. Merck schreibt den 20. October 1774 an Sophie: „Ich bin gewiß, Sie verzeihen mir mein langes Stillschweigen, wenn ich Ihnen sage, daß Goethe zwei Male bei mir gewesen ist, daß wir acht ganze Tage zusammen verlebt haben, daß Klopstock bei uns zugesprochen hat, Boie, Werthes u. s. w. Außerdem hat Goethe das Zeichnen in mir aufgeweckt, so daß ich Tage sitze und nichts Anderes thue", und in demselben Briefe mit Bezug auf die junge Frau Brentano: „Ihnen wünsche ich, da ich für jetzt nicht sehe, wie sich günstigere Umstände für die arme Märtyrerin aufthun können, weniger Empfindlichkeit, damit Sie nicht mehr Werth auf das Leiden dieser wunderbaren Welt legen, als es verdient. Der Gram nährt sich mit nichts mehr als mit Feierlichkeit" (Ungedr.).

8. zu S. 107. „Ihre Briefe" sind wieder Partien des Romans „Rosaliens Briefe", und zwar die in der Iris erschienenen. Die Bezugnahme auf Lenz erklärt sich, da dieser am 1. Mai 1775 an Sophie geschrieben hatte: „Ich habe nur den ersten Brief in der Iris gelesen und Sie gleich wieder darin gefunden. Lebt solch eine Freundin wirklich,

die mit den geheimsten Bewegungen Ihrer großen Seele vertraut ist, so sei sie vom Himmel gesegnet, mit Ihnen die Zierde unsers Säculums. Was sollen wir schmeicheln, liebe gnädige Frau! Mich däuchte der erste Brief mit mehr Feuer geschrieben als die nachfolgenden. Binden Sie doch Goethen ja recht ein, mir wenn's möglich, die nächstfolgenden im Mscrpt. mitzutheilen" und nachher: "Alles, alles schicken Sie mir, was Sie gemacht haben, auch das französische. Ich muß Sie ganz kennen lernen, und das grab in dieser Lage meines Herzens. Hier ist meine Adresse. Was kann's auch schaden, Ihnen meinen Namen zu sagen. Es ist so der kürzeste Weg. Und ich habe viele Namensvetter, die auch Goethen kennen" (Meines Wissens ungedruckt).

9. zu S. 114 letzte Zeile: "er hat mir Ihre Briefe nicht sehn lassen" d. h. Sophie's Briefe an Lenz. Dieser hatte ihr am 20. Mai 1775, also kurz vor Goethe's Eintreffen in Straßburg geschrieben: "Sie sind vielleicht jetzt schon auf der Reise, deren Sie in dem Briefe an Goethe Erwähnung thaten" und: "Wenn Goethe bei Ihnen ist, so möcht' ich eine Viertelstunde zuhorchen. Warum lassen Sie ihn denn so viel Operetten machen? Freilich kann mein kaltes Vaterland großen Antheil daran haben, daß ich mehr für das Bildende als Tönende in der Dichtkunst bin." — "Wenn Sie doch seine Muse sein wollen, so verführen Sie ihn in ein großes Opernhaus, wo er wenigstens Platz für seine Talente finden könnte." — "Was mir wieder einmal eine Zeile von Ihrer Hand sein würde, das darf ich Ihnen doch nicht erst sagen". Der nächste Brief von Lenz an Sophie zeigt, daß er ihre Erzählung "der weibliche Werther" in ihrer Handschrift besaß. Dann schreibt er am 31. Juli 1775 nach Goethes zweitem Aufenthalte in Straßburg über Rosalien's

Briefe No. 25 bis 27 und 37, ferner von seinen eigenen Stücken, daß er an denselben nie feile: „Ich habe es einmal thun wollen, es hätte mich aber fast das Leben gekostet, und Goethe ist auch da mein Retter gewesen".

„Dürfte ich Sie um Ihre Gouvernante Deutsch bitten — da Ihr deutscher Stil so unzählige Grazien hat — was auch der mir **darum** verhaßte Wieland in seinen Vorreden darüber beraisonnirt." — „Ich habe mit Goethen Göttertage genossen, von denen sich nichts erzählen läßt. Sie werden ihn, meine ich, nun bald sprechen".

10. zu S. 116. Acht Briefe von Lenz an Sophie, einige unvollständig, sind erhalten. Im ersten vom 1. Mai 1775 die Stelle: „Besser wußt' ich mich nicht zu wenden als an Goethe, der mir einmal einen Brief in Coblenz aus Ihrem Dintenfaß geschrieben hat", in dem zweiten vom 20. Mai: „ich schreibe I h n e n das, weil er [Goethe] mir ganz stille schweigt" und in dem vierten o. D.: „Sie wünschen mir eine Geliebte? Welche Güte der Seele ließ Sie gerade den Wunsch thun. O daß die — Ihr Bild trüge, obschon ich Sie Beide nicht kenne. Nach Ihrer Beider Briefe zu urtheilen, muß eine wundervolle Uebereinstimmung in Ihrer ganzen Art zu denken, zu leben und die Sachen anzusehen, sein. Eine Gnade! Fragen Sie nie nach ihrem Namen, auch Goethen nicht".

Personenverzeichniß.

Allesina, Johann Maria, Kaufherr zu Frankfurt a. M. S. 39 —42, 93.

„ dessen Gattin, Franziska Clara, geb. Brentano (geb. 1705) S. 39—42, 93.

André, Johann, Komponist (1741—1799) S. 101.

Arnim, Ludw. Achim v., (1781—1831) p. XXXVI fg.; S. 162 fg., 170—172, 183, 185.

„ Bettina (Elisabeth) v., geb. Brentano (1785—1859) Einleitung, S. 26 fg., 94 u. 147—197.

„ Kühnemund v., der Vorigen ältester Sohn p. IV, XLVII.

Artois, Graf v., (Karl X. von Frankreich) p. XXVI.

Baader, Franz Xaver v., der Mystiker (1765—1841) S. 178.

Baden, Karl Friedr., Markgraf von, (1728—1811) p. XVII.

Bar, Schweizer, S. 199.

Barbeyrac, Marquise von, p. XXIII.

Basedow, Joh. Bernh., (1723—1790) p. XIV, XXIII; S. 52—54.

Beaumarchais, S. 168.

Beethoven, p. XLIV.

Benzel, Anselm Franz, Frhr. v., Hof-Vicekanzler, Wirkl. Geh. Rath, Staats- und Konferenz-Minister zu Mainz p. XXVIII fg.

Bertuch, Friedr. Joh. Justin, (1747—1822) S. 93.

Björnstähl, Jakob Jonas, Schwede, (1731—1779) p. XXII.

Bode, Joh. Joachim Christian, der Freimaurer und Uebersetzer (1730—1793) S. 121 u. 123.

Boie, Heinr. Christian, der Dichter (1744—1806) p. XXIII, XXIX.; S. 48, 51, 199.

Bondeli, Julie v., zu Bern (1731—1778) S. 59 fg., 62, 123.

Branconi, Frau v., aus Venedig, S. 120, 123.

Brechter, Joh. Jakob, evangel. Pfarrer zu Schweigern bei Heilbronn, † 1772, p. XII; S. 8—11, 34, 36, 198.

Brentano, Peter Anton, aus Mailand, Kaufherr und kurtrier.
„ Resident zu Frankfurt a. M., † 1797, p. XX; S. 19, 27—29, 40, 49, 66, 84, 93, 99—105, 111, 113, 117.
„ Maximiliane Euphrosyne geb. v. La Roche, Gattin des Vorigen (31. Mai 1756 — 19. Nov. 1793) p. IV, XII, XX, XXXI—XXXIII; S. 4—6, 9, 18 fg., 25, 29—32, 35, 38, 41—43, 47—53, 66—68, 70, 74 fg., 78 fg., 84, 89, 90, 92, 97—107, 109, 111—115, 117, 121, 199.
„ Georg Michael Anton, geb. 1775, S. 98—101, 111. ⎫
„ Klemens (1778—1842) S. 177. ⎬ Kinder der beiden Vorigen.
„ Bettina, s. Arnim. ⎭
„ Meline, s. Guaita.

Bretlach, Frau v., S. 61 fg.

Bretschneider, Heinr. Gottfr. v., (1739—1810) p. XXXII.

Brizzi, Antonio, Sänger (1774—1830) S. 196 fg.

Bürger, der Dichter, S. 7, 72, 99.

Buff, Lotte s. Kestner.

Cagliostro, Giuseppe Balsamo, (1743—1795) p. XXIII.

Clarke, Samuel, (1675—1729) S. 85, 88.

Clemens XIII., Papst von 1758—1769, p. XXVII.

Cordel s. Trosson.

Crespel, Joh. Bernh., Rath und Archivar zu Frankfurt und Laubach (1747—1813) p. XXXII; S. 111—113, 115.

Dalberg, Karl Theodor Anna Maria, Frhr. von und zu, Kurfürst, Fürst-Primas und Großherzog von Frankfurt (1744—1817) p. XXII[1]); S. 164, 170.

Darmstadt, Karoline Henr. Christiane, Landgräfin v. Hessen-, (1721—1774) S. 51.

Deinet, Joh. Konrad, Buchh., S. 22, 63.

Delph, Hel. Dor., zu Heidelberg, (1728—1808) p. XVII.

D'Ester (Dester), Quirin Joseph, fürstl. Stavelotscher Geheimer u. kurtrier. Kommerzien-Rath zu Vallendar, (1719—1796) p. XXIV fg.; S. 71, 73.

„ Kath. Elisabeth geb. de Feynmowille, (1738—1815) p. XXVI; S. 52 fg., 71, 73.

„ Johanna Margarete, Tochter der beiden Vorigen, verehlichte v. Zwehl, (1763—1844) p. XXVI; S. 71, 73.

Dinar, Baumeister zu Coblenz S. 38.

Dumeix (Dumeiz), Damian Friedr., Dechant zu St. Leonard und Kapitular zu St. Bartolomäus in Frankfurt a. M. fürstl. Stabloischer Wirkl. Geh. Rath, † 1808; p. XII, XXII, XXIV; S. 18 fg., 39, 63, 66, 71, 90.

Dürer, Albrecht, S. 177—180, 183, 186.

Durante, Francesco, der ital. Komponist, (1684—1755) S. 184, 195.

Dyck, van, der Maler, (1599—1641) S. 76.

Edelsheim, Georg Ludw. Frhr. v., bab. Minister, p. XVII.

Emmerich, Joseph, s. Mainz.

Engelhard, Architekt zu Cassel, S. 174.

Ernesti, Joh. Aug., Professor zu Leipzig, (1707—1781) S. 85, 88.

Erthal, s. Mainz.

Eslinger, Buchh. zu Frankfurt a. M., S. 95.

D'Ester s. unter D.

Ewald, Georg Heinr. Aug., Prof. zu Göttingen, (1803—1875) S. 144.

Fahlmer, Johanna Kath. Sibylle, verehel. Schlosser, (1744—1821) p. V fg.; S. 18, 20, 32, 37, 116.

Falckenstein, Johanna, Freifrau v., geb. Freiin v. Freyberg, S. 62.

Fischart, Joh., p. L. Note.

Flachsland, Maria Karoline, seit 1773 Frau Herder, (1750—1809) S. 14, 111 fg., 198.

Forster, Joh. Georg Adam (1754—1794) S. 76.

Frese, Julius, Schriftsteller, p. XLIX; S. 49, 60, 64.

Gebler, Tobias Phil., Frhr. v., der Wiener Dramatiker, (1726—1786) S. 14, 72.

Gerock, Antoinette Louise, ⎫
„ Charlotte, ⎬ Schwestern, zu Frankfurt a. M., p. XIII fg., XXXI.
„ Katharina, ⎭

Gerstenberg, Heinr. Wilh. v., Dichter, (1737—1823) S. 22.

Geßner, Sal., der Jdyllendichter, (1730—1787) p. VIII; S. 198.

Goethe's Vater (1710—1782) S. 18.

„ Mutter (1731—13. Sept. 1808) p. XXXVIII, XL—XLIV; S. 18, 25, 47, 111, 117, 148—151, 170, 174, 186, 192 fg.

„ Schwester Cornelia (1750—1777) S. 9 fg., 17—19, 22, 24, 47 fg., 71, 93 fg., 107.

„ Gattin (1764—1816) p. XXXVIII, XLII, XLVII; S. 167, 169, 173—175, 180, 181, 186, 196.

Goethe's Sohn (1789—1830) S. 165, 169, 170, 180.

Görres, Frau, p. XXXV.

Götz, Joh. Nicolas, Dichter, (1721—1781) S. 94.

Groschlag, Friedr. Karl Wilibald, Frhr. v., Großhofmeister, Wirkl. Geh. Rath, Staats- und Konferenzminister zu Mainz, Amtmann zu Dieburg, Herr zu Nessel, Sickenhofen, Hegershausen, Eppertshausen u. Reylach; † zu Wien 25. Mai 1799; p. XVII, XXVIII—XXX; S. 63, 67, 70—73, 77, 78.

„ Frau v., geb. Gräfin Stadion, Gattin des Vorigen, p. XXX; S. 77, 78.

Grimm, Wilhelm Karl (1786—1859) p. XXXIX.

„ Ludwig Emil, Maler, des Vorigen Bruder, (1790—1863) S. 182—185.

Gruterus (Gruyter), Joh., (1560—1627), S. 110.

Guaita, Meline, Frau v., geb. Brentano, p. XXXVIII[1]).

Gujer, Jakob (Klijogg), Bauer auf dem Lehnshofe Katzenreuth in Wermetschwyl bei Zürich, † 1785, p. VIII, IX; S. 105—110.

Hardenberg, Frhr. v., der spätere preuß. Fürst Staatskanzler p. XV, XX[1]), XXIX.

Haugwitz, Frhr. v., der spätere preuß. Minister, seit 1786 Graf, S. 107—109.

Heinse, J. J. Wilh. (Rost), Dichter, (1746—1803) S. 51, 78.

Hengstenberg, Ernst Wilh., Theologe, (1802—1869) S. 144.

Herder, p. VII fg.; S. 14, 19, 30, 51, 64 fg., 71, 93, 106, 111 fg., 140, 144, 198.

Herzlieb, Wilhelmine, verehel. Walch, p. XL fg.

Heß, Frau, in Zürich, S. 105.

Hessen-Darmstadt s. Darmstadt.

Hirzel, Joh. Kaspar, Stadtarzt zu Zürich, p. IX; S. 110.
„ Salomon, Buchh. zu Leipzig (1804—1877) S. 14, 80.
Hitzig, Ferd., der Orientalist (1807—1878) S. 144.
Hölty, S. 94.
Höpfner, Ludw. Jul. Friedr., Prof. zu Gießen (1743—1797), p. XXIV.
Hohenfeld, Christoph Wilibald, Frhr. v., Domicellar der Domstifter Bamberg, Worms u. Speier, Kapitularherr des Stifts zu Wimpfen i. T., 1778—1780 Konferenzminister zu Coblenz, † 1822; p. XII fg., XVII, XX—XXIV; S. 22, 38, 63, 67, 71 fg., 78, 85 fg., 91 fg., 96, 98 fg., 100, 103, 105 fg., 111, 115, 124.
Homer, S. 85 fg.
Hontheim, Joh. Nic. v., Weihbischof zu Trier u. Wirkl. Geh. Staatsrath, (1701—1790) p. XXI.
Humboldt, Wilh. v., S. 88, 174.
Jacobi, Joh. Georg, der Dichter, S. 17—19, 93.
„ Friedr. Heinr., der Philosoph, p. VII; S. 18 fg., 35, 40, 77 fg., 86, 88, 93, 97—103, 114, 121—123.
„ Betty, geb. v. Clermont, des Vorigen Gattin, † 1784, p. V fg.; S. 18, 20, 26, 33, 38, 43.
„ Charlotte Katharina (Lottchen), Halbschwester der beiden Jacobi, S. 18, 20.
Jerusalem, Karl Wilh., (1747—30. October 1772) S. 4—7, 9, 11.
Jomelli, Nicolo, der ital. Komponist, (1714—1774) S. 161, 165 fg., 195.
Jordis, in Cassel, S. 156.
Joseph II., Kaiser, p. XXI, XXVIII.
Jselin, Jsaak, (1728—1782) p. VIII.

Kämpf, Prof. zu Prag, S. 140—145.
Kalkhof, Sekretär des Ministers Groschlag, S. 67, 70, 72.
Katanelle, Mlle, S. 39, 40.
Kaunitz, Fürst v., der österr. Staatskanzler, p. XXVIII.
Kayser, Christoph, Musiker, (1755—1823) S. 109.
Kellner, Dr. med. zu Frankfurt a. M., p. XLIX; S. 39, 62.
Kestner, Joh. Christian, (1741—1800) S. 6, 11, 19, 22, 48, 78, 87.
„ Charl. Sophie Henr., des Vorigen Frau, geb. Buff, (1753—1828) p. XXXV; S. 78.
„ A., hannöverscher Ministerresident zu Rom, der Vorigen Enkel, p. XXXIV.
Kielmannsegge, Frhr. v., S. 4, 7.
Klettenberg, Sus. Kath. v., (1723—1774) S. 18, 20, 91, 93.
Klijogg s. Gujer.
Klinger, Friedr. Maxim., (1753—1831) p. VII, XI[1]).
Klopstock, S. 51, 86, 88, 94, 199.
Klotz, Kaspar, Miniatur-Maler, (geb. 1773) S. 178.
Knebel, Karl Ludw. v., Major, (1744—1834) p. XXVIII; S. 88, 93, 116, 120—123.
Köln, Kurfürst von, Maximilian Friedrich, Graf v. Königseck-Rothenfels, (1708—1780) p. XVIII[2]).
La Roche, Georg Michael Frank v., kurtrier. Geh. Staatsrath und Kanzler (1720—1788) p. X—XII, XX—XXII, XXVIII; S. 10, 12, 14, 16, 22, 32, 38, 71, 72, 86, 88, 98 fg., 121—123.
„ Maria Sophie v., geb. v. Gutermann, des Vorigen Gattin seit dem 27. Dec. 1753, geb. in Kaufbeuren den 6. Dec. 1731, gestorben zu Offenbach den 18. Februar 1807, s. Einleitung und S. 1—124, 198—201.

La Roche, Maximiliane v., s. Brentano.

„ Louise v., später verehel. Möhn, p. V, XII; S. 4, 61 fg., 71, 73, 86, 89, 92, 121. } Kinder der beiden Vorigen.

„ Fritz v., S. 9; 11 fg., 118 fg.

„ Karl v., p. XLVIII; S. 71, 73, 86.

„ Franz v., S. 61 fg., 71, 73, 82 fg., 86.

Lavater, p. XIV, XVI fg., XXI—XXIII, XXVI; S. 23, 49—54, 59, 62, 68, 72, 84, 105—109, 123, 199.

Lenz, Jakob Mich. Reinhold, der Dichter, (1751—1792) p. VII; S. 74 fg., 107, 114—116, 118 fg., 199—201.

Leuchsenring, Franz Mich., (1746—1827) S. 8, 11, 13 fg., 198.

Lewes, George Henry, † 1878, p. XLVIII.

Lilli s. Schönemann.

Lips, Joh. Heinr., Maler, (1758—1817) S. 109.

Lützow, Leo Frhr. v., p. XLVIII.

Luther, Martin, S. 140—145.

Mainz, Kurfürst von, Emmerich Joseph von Breidbach zu Bürresheim, Erzbischof und Erzkanzler, geb. 12. Nov. 1707, Kurfürst 5. Juli 1763, † 11. Juni 1774, p. XVIII[2]), XXVIII fg.

„ desgl., Friedrich Karl Joseph, Frhr. von Erthal, Letzter der in Mainz residirenden Kurfürsten, (1719—1802) p. XXX.

Maltzahn, W. Frhr. v., zu Weimar, S. 54.

Mansfeld, Ernst, Graf von, (1585—1626) p. XXIX.

Marcello, Benedetto, Komponist, (1686—1739) S. 184, 195.

Marggraff, H., Schriftsteller, p. XLIII[1]).

Meline s. Guaita.

Mendelssohn, Moses, S. 65.

Mengs, Anton Raphael, Maler, (1728—1779) p. XXVII.

Merck, Joh. Heinr., Kriegsrath zu Darmstadt, (1741—1791) p. VII, X, XIV—XVII, XXIV; S. 4, 6, 11 —16, 19, 27, 29, 32, 35 fg., 40, 50 fg., 62, 71, 97, 112, 115, 118, 140, 198 fg.

„ Charl. geb. Charbonnier, des Vorigen Gattin, S. 4, 6, 27, 36, 51, 115.

Metternich, Graf v., Konferenzminister zu Coblenz, p. XX, XXII.

„ Fürst v., der österr. Staatskanzler, Sohn des Vorigen, p. XX, XXII.

Meyer, Frau, Gattin des Kammersekretärs M. zu Hannover p. XV.

Mieg, Joh. Friedr., Pfarrer zu Heidelberg, geb. zu Lingen 25. Mai 1744, S. 70, 72.

Molière, S. 40, 45, 65.

Molitor, Schriftsteller, S. 165, 168.

Morgenstern, Maler zu Frankfurt a. M., S. 16.

Moser, Friedr. Karl v., Minister zu Darmstadt (1723—1798) p. XVII.

Müller, Friedrich, Maler u. Dichter, (1750—1825) S. 87.

Münch, { Susanne Magdalene, geb. 1753 oder Anna Sibylla, geb. 1758 } p. XVIII; S. 66 —69, 81—83.

Naundorf, Christiane v., Hofdame p. XX; S. 62.

Nicolai, Christoph Friedr., Schriftsteller und Buchhändler zu Berlin, (1733—1811) p. XXXII.

Nothnagel, Joh. Andr. Benjamin, Maler, (1729—1804) S. 16, 87.

Oesterreich, Maria Theresia, Kaiserin von, p. XXVIII

Origenes, Kirchenvater, S. 140.

Paer, Fernando, Opernkomponist (1771—1839) S. 196 fg.

Paolo Veronese, der venetian. Maler, S. 76.

Paſſavant, Jakob Ludwig, Theologe, geb. 1751, S. 109.

Peſtalozzi, Joh. Heinr., (1746—1827) S. 168.

Platen, Graf, der Dichter, S. 76.

Pückler-Muskau, Fürſt v., p. XXXVI.

Rambach, Jakob Theodor Franz, Philologe, (1733—1807) S. 95 fg.

Ranke, Leopold v., p. XV, XVIII.

Ravanelle, Mlle., S. 40.

Redlich, Karl Chriſt., Dr. ph., Schuldirektor zu Hamburg, S. 22.

Reich, Phil. Erasmus, Buchh. zu Leipzig, (1717—1787) S. 22, 66, 68, 92.

Renan, Ernſt, S. 144.

Richardſon, der Romanſchreiber, p. VI.

Riemer, Friedr. Wilh., Profeſſor zu Weimar (1774—1845) p. XXXVIII[1]); S. 196.

Riesbeck, J. K., p. XXI[1]).

La Roche ſ. unter L.

Rouſſeau, J. J., p. VII, IX, XI; S. 8, 10, 91, 94.

Rouſſillon, Henriette v., Hofdame, † 18. April 1773, S. 14.

Sachs, Hans, der Dichter, S. 99.

Sachſen, Auguſt III., Kurfürſt von, König, p. XIX.
    „   Maria Kunigunde, Prinzeſſin von, (1740—1826) p. XIX fg.; S. 61 fg.
    „   Klemens Wenceslaus, Prinz von, ſ. unter Trier.
    „   -Weimar ſ. Weimar.

Sanders, Daniel, der Lexikograph, S. 144.

Savigny, v., der Juriſt, p. XLVII[1]); S. 189.

Schauffelberger, S. 85 fg., 88.

Schiller, p. XXIII fg.; S. 11, 45, 88, 123.

Schlönbach, Arnold, Schriftsteller, p. XLIII¹).
Schlosser, Johann Heinrich Friedrich (Fritz), (1780—1852) p. XLIX fg.; S. 42, 87.
„ Sophie, geb. Dufay, des Vorigen Gattin, († 1865) p. XLIX.
„ Joh. Georg, Goethe's Schwager, (1739—1799) p. VII; S. 6, 24, 95.
„ Cornelia, des Vorigen Gattin, s. unter Goethe.
„ Louise, der Vorigen Tochter, Frau Nicolovius (1774—1811) S. 95 fg.
Schöll, Adolph, Dr. ph., Geh. Hofrath zu Weimar, S. 140.
Schönborn, Gottlob Friedr. Ernst, Dichter, (1737—1817) S. 19, 22. 48, 51, 54, 110.
Schönemann, Suf. Elis., geb. d'Orville, (1722—1782) S. 114 fg.
„ Anna Elisabeth (Lilli), seit 1778 Frau v. Türckheim, (1758—1817) p. XVIII; S. 40, 43, 83, 97—103, 107, 110.
Schweitzer, (Allesina-Schweitzer), Karl, Schöff, S. 40,42.
„ Wilhelmine, des Vorigen Schwester, S. 41.
Servière, Maria Joh., geb. Togny-Delsance, (1730—1805), S. 90, 93.
Spinoza, Benedikt, S. 45.
Stadion, Friedr., Graf v., kurmainzischer Minister, (1691—1768), p. X—XII, XXI, XXVIII; S. 10.
Steigentesch, Professor zu Mainz, p. XIX.
Stein, Karl Phil., Frhr. v., kurmainz. Geh. Rath, p. XV.
„ Henr. Karoline v., geb. Langwerth v. Simmern, Gattin d. Vor., p. XV, XXIII, XXIX; S. 52 fg.
„ Heinr. Friedr. Karl v., der preuß. Minister, Sohn der Vorigen, p. XIV fg.

Stein, Charlotte v., geb. v. Schardt, S. 123.

Sterne, Lorenz, S. 123.

Stolberg-Stolberg, { Christian, Leopold, } Grafen zu, die Dichter, S. 94, 107—109.

„ „ Auguste, Gräfin, Schwester der Vorigen (1753—1835) S. 115.

Stramberg, v., p. XXV.

Stricker, Wilh., Dr. med. zu Frankfurt a. M., S. 27.

Tesdorpf, Joh. Matthäus, (1749—1824) S. 27.

Thayer, Alex. Wheelock, p. XLV.

Tilly, p. XXIX.

Trier, Kurfürst von, seit 1768 Klemens Wenceslaus Prinz von Sachsen, (1739—1812) p. XIX fg.; S. 61 fg., 124.

„ desgl., Johann Philipp v. Walderdorf, (1701—1768) p. XXVII.

Trosson, Baumeister zu Coblenz, } p. XXIV, XXVI;
„ Frau (Cordel?) } S. 37 fg., 71, 73, 86.

Umbreit, Friedr. Wilh. Karl, Prof. der Theologie zu Heidelberg, (1793—1860) S. 144 fg.

Verlohren, v., Hauptmann zu Dresden, S. 191.

Voltaire, p. VII, XI.

Voß, Joh. Heinr., der Dichter, S. 94.

Weimar, Karl August, Herzog von, (1757—1828) p. IX, XXXVII; S. 89 fg., 93, 117, 119, 123.

„ Louise, Herzogin v., geb. Prinzessin von H.-Darmstadt, S. 117, 119.

„ Bernhard, Herzog von, (1604—1639) p. XXIX.

Werner, R. M., Dr. ph., p. XXXII[1]); S. 80.

Werthes, Fr. Aug. Clem., Dichter (1748—1817) S. 199.

Wetstein, Joh. Heinr., (1699—1726) S. 88.

Wied, Alexander, Graf von, (1706—1791) S. 53, 199.
Wieland, p. VI—VIII, X, XII, XX—XXX; S. 9—12, 14, 41—48, 62—68, 72—76, 80, 90, 93 fg., 101, 110, 116—119, 121—124, 201.
Willemer, Marianne v., geb. Jung, p. XXXVIII, XLI.
Wittenberg, Licentiat zu Hamburg, (1728—1807) S. 72.
Württemberg, Herzog v., Karl Eugen, (1728—1793) S. 9, 11.
      „   „   Ludwig Eugen, (1731—1795) p. IX.
Ysenburg s. Buri.
Zelter, Karl Friedr., der Berliner Musiker, (1758—1832) S. 195.
Zick, Januarius, Maler, (1732—1797) p. XXVI fg.; S. 64, 79, 80.
 „ Anna Maria, geb. Gruber, † 30. Juni 1811, p. XXVII fg.
 „ Gustav, Maler, Enkel der beiden Vorigen, p. XXVII.
Zimmermann, Joh. Georg, der hannöversche Leibarzt (1728—1795) S. 118 fg.
Zincgref, Julius Wilh., (1591—1635) S. 110.
Zwehl, v., bayerischer Minister, p. XXVI.

Buchdruckerei von Gustav Schade (Otto Francke) in Berlin.